Barbara Seuffert · Augen voller Liebe

»Ich danke dir, mein Gott.
Du hast mir das Leben neu geschenkt,
Du hast meine Klage in einen Reigen verwandelt,
Du hast mir das Trauerkleid ausgezogen
und mich mit Freude gegürtet.«

Psalm 30

BARBARA SEUFFERT

Augen voller Liebe

Begegnungen
in einem neu geschenkten Leben

Edition Anker

Edition Anker - Horizonte

Die Deutsche Bibliothek - CIP-Einheitsaufnahme

Seuffert, Barbara:
Augen voller Liebe : Begegnungen in einem neu geschenkten Leben /
Barbara Seuffert. - Stuttgart : Ed. Anker, 1999
(Edition Anker : Horizonte)
ISBN 3-7675-1189-4

2. Auflage 2000

Umschlaggestaltung: Dieter Betz, Friolzheim
Gesamtherstellung: Druckhaus West GmbH & Co. KG, Stuttgart
ISBN 3-7675-1189-4

Inhalt

Vorwort	Seite 7
Die Augen des Märchenerzählers	Seite 11
Psalm 30	Seite 16
Ab heute bin ich nicht mehr ehrgeizig!	Seite 18
Eliska tanzt	Seite 25
Kleider machen Freunde	Seite 33
Hella kocht orientalisch	Seite 39
Marlis Leuchtertanz	Seite 44
Lena, liebe Lena	Seite 49
Gartenbuch, Traumbuch, Seelenbuch	Seite 57
Als die Liebe wiederkam	Seite 61
Verführung durch Vanille	Seite 68
Weißwurst für Portugal	Seite 74
Wilde Orchideen	Seite 79
Die Woge des Glücks	Seite 85
VIP mit rosa Bad	Seite 90
Das Festgewand	Seite 100
Gebt mir mein Stichwort!	Seite 107
Knoten im Lebensteppich	Seite 114
Wenn das Fest vorüber ist	Seite 120
Verschenkte Liebe	Seite 126
Die Reise nach innen	Seite 129
Natürlich gibt's Engel	Seite 133
Den eigenen Weg gehen	Seite 140
Apfelbäumchen	Seite 147
Inga-Mirjam malt ein Bild	Seite 150
Begegnung mit Gott	Seite 155

Vorwort

»Es gibt ein Leben vor dem Tod« titelte einst Wolf Biermann auf einer seiner Platten. Der dahintersteckende, leicht provokante Diesseitigkeits-Ansatz des ost-westdeutschen Sängers und Dichters transportiert auch etwas Heilsames: die Erkenntnis, dass es sich lohnt, hier und jetzt zu leben und nicht bis morgen damit zu warten. Das Gefühl, lebendig zu sein, ist vielen von uns abhanden gekommen. Manchmal ist es erst eine schwere Erkrankung, die uns nicht nur die eigene Endlichkeit, sondern auch das eigentümlich Statische unserer Existenz vor Augen führt, uns ein Signal übermittelt, unseren Lebenskurs zu überdenken und zu ändern. Menschen, die an Krebs erkranken, sprechen häufig von jener paradoxen Erfahrung, erst im Angesicht des Todes zu leben angefangen zu haben. Es ist, als ob der Krebs, eine gemeinhin mit Schrecken, Leid und Sterben assoziierte Krankheit, ihnen das Tor zu einer ganz neuen Welt geöffnet hätte, zu einer Welt ungeahnter Möglichkeiten, nie gegangener Wege, nie gesprochener Worte und nie gespürter Gefühle. So, als wären einem plötzlich die Augen geöffnet worden.

Barbara Seuffert, Schriftstellerin, Theologin, ehemalige Deutschlehrerin und bekennende Bauchtänzerin, hat während ihrer Krebserkrankung verstörende, verzweifelnde Stationen passiert. Aber sie hat den Glauben daran, dass danach noch etwas auf sie wartet, was »schön ist«, nicht verloren. Ein Horizont, der anzeigt, was Leben bedeutet, der Umrisse dessen zu erkennen gibt, was bisher nicht gelebt wurde. Barbara Seuffert hat die Krankheit nicht verdrängt, aber sie hat den Gedanken an den Tod nicht zu Ende denken wollen. Sie »vergaß das Sterben«, hat sie dazu bemerkt, und sie begann, die Dinge auf einmal mit anderen Augen zu sehen.

So wie sie in den orientalisch-tiefgründigen Augen des syrischen Märchenerzählers einem ganzen Kosmos menschlicher Erfahrungen begegnet, erschließt sich ihr die Welt um sie herum in einem ganz neuen Licht. Ihre sensitiv erzählten Geschichten spielen auf der Bühne eines neu geschenkten Lebens. Sie handeln vom Wiedergewinn der Hoffnung, und die Darsteller sind Mitbetroffene, Leidensgefährten, Weggefährten, Freunde. »Ich wollte so gerne erzählen, wie schön das Leben ist«, beschreibt Barbara Seuffert eine der wundersamen Quellen ihrer Genesung. Manchmal kann das Leben so schön sein, dass man die Augen schließt. Zum Beispiel beim Tanzen, jener uralten, sprachlosen Ausdrucksform menschlicher Gefühle. Schon in der Bibel lesen wir vom Klagelied, das in »Freudentanz« verwandelt wurde (Psalm 30), oder von Mirjam, die nach dem rettenden Durchzug durch das Rote Meer den Reigentanz anführte. Im Tanzen entdeckt Barbara Seuffert sich selbst, staunend wie ein Kind, atemlos vor Freude. Sie lässt uns daran teilhaben, wie das ist, sich neuen Wegen anzuvertrauen und frei für seine eigenen Fähigkeiten und Wünsche zu werden. So ist dieses Buch keineswegs nur ein Buch für Menschen, die an Krebs erkrankt sind oder mit Krebs leben, sondern auch für alle diejenigen, die noch Augen haben für den sich modernen Konsumgewohnheiten sperrenden Reichtum der Dinge des Lebens.

Karl Jaspers hat einmal von dem »Wagnis, glücklich zu sein«, gesprochen. In leichter Abwandlung der philosophischen Weisheit könnte man die für Barbara Seuffert gültige Maxime auch als Wagnis, lebendig zu sein, bezeichnen. Das ist wenig, das ist viel. Es ist vor allem aber Lebens-Kunst, ohne die dieser Weg nicht denkbar gewesen wäre.

Heidelberg, im Mai 1999

Arndt Krödel
Verantwortlicher Redakteur der
Patientenzeitschrift »SIGNAL –
Leben mit Krebs«

Die Augen des Märchenerzählers

In gelben Lederpantoffeln kam er daher. Gelbe Lederpantoffeln. Weiches safrangelbes Saffianleder. Und sein Gang war weich und leise. Wie er so daherkam, wuchs unter seinen gelben Pantoffeln der Wüstensand.

Die Kinder hörten auf zu plappern. Die Erwachsenen lauschten seinem leisen Gang, denn da schlüpften gleichzeitig Ali Baba und Sindbad, der Seefahrer, der kleine Muck und Kalif Storch, Scheherezade und Turandot mit auf die Tenne, wo die arabische Familie mit ihren vielen Freunden den Abend verbrachte.

Draußen hatten sie ums Feuer getanzt, hatten der Trommel zugehört, bis die Sonne versank, und hatten dann gemeinsam gegessen: all die Herrlichkeiten des Orients, gebackenes Gemüse, Reis mit Rosinen und Pinienkernen, geröstete Mandeln, Kichererbsenbrei, Joghurttunke und köstliches Auberginenmus. »Sag noch einmal, wie das bei euch auf arabisch heißt, ja? Wie? Nein, das kann ich nicht aussprechen, aber es schmeckt auch ohne Namen herrlich! Unaussprechlich herrlich!«

Nach dem Essen stellte Achmed die Musik lauter und begann zu tanzen. Er tanzte mit kraftvollen Bocksprüngen, legte den Kopf zurück und schloß die Augen. Ganz selbstvergessen tanzte er für sich und sang den Text mit. Der Text war immer nur dasselbe Wort »habibi«. Iskander hatte gesagt, das bedeute soviel wie Liebling oder Geliebter oder Geliebte – das sei dasselbe, Freund oder Freundin, das sei dasselbe. Hochpoetisch sage man nur manchmal »habibdi«, das sei der vornehmere Ausdruck. »Habibi«, sang Achmed mit geschlossenen Augen und verzückt zurückgelegtem Kopf, warf seinen Mantelumhang ab und nestelte sich ein Tuch um die Hüften. Sein magerer Jünglingskörper zitterte vor Energie, die sich bei den temperamentvollen Sprüngen entlud, wenn er wie ein junger Ziegenbock die Beine hochwarf.

Gleich gesellten sich andere Knaben zu ihm. Ein Zwölfjähriger mit modisch-albernen Turnschuhen in Riesengröße, wie sie seiner unproportionierten Schlaksigkeit entsprachen, schlich wie eine Raubkatze heran und gestikulierte mit seinen Armen und Händen wie beim Schattenboxen. Es waren sehr geschmeidige Bewegungen, die der Junge im Kreis der andern ausführte. Er schien irgendein Spiel zu spielen, irgendein Gegenüber zu verzaubern. Dennoch war er inmitten der fröhlich zappelnden Kinder völlig entrückt, ganz allein mit sich und ganz allein in seinem Tanz.

Immer wieder sprang der syrische Vater in die Gruppe, drehte sich mit erhobenen Armen und feuerte die Zuschauer an: »Macht doch mit, kommt, macht doch mit.« Seine Frau griff lachend nach den Armen, nach den Händen der Mädchen und zog sie in den Kreis der Tanzenden, schnippte mit den Fingern und lächelte, bis sich die Frauen erhoben und ihre Hüften schwingen ließen.

Der alte Märchenerzähler kauerte ruhig auf einem Kissen und erinnerte sich.

Vor Jahren hatte er seiner jungen blonden Frau gezeigt, wie man im Orient tanzt. Er hatte vor ihr gestanden und die Arme erhoben und sich gedreht, er hatte sein Becken geschwenkt und seine Hüften beben lassen, er hatte seine Schultern in vibrierende Bewegung versetzt und Bauchrolle und Kamelgang vorgemacht, so wie es die Frauen in seiner Familie bei ihren Feiern tanzten. Da hatte seine Frau gelacht und gelacht.

Seine schöne Frau. Die Fremde.

Sie war so schön wie die Sonne. Und wenn sie lachte, war sie noch schöner als die Sonne. Sie hatte gelacht über die kraftvollen Ziegenbocksprünge und die wackelnden Hüften und die zitternden Bauchbewegungen. Und dann hatte sie sich von ihm und der Musik verführen lassen und hatte seinen Tanz nachgeahmt und hatte seine Bewegungen wiederholt, bis er atemlos vor Freude und sprachlos vor Bewunderung innehielt: »Du kannst es! Du kannst es noch besser als jede andere! Keine Frau in meiner syrischen Heimat tanzt so schön wie du, habibdi.«

Er erinnerte sich.

Ja, sie war wie die Sonne. Sie war die Sonne seines Lebens.

Aber nun war die Sonne untergegangen.

Seine Sonne war untergegangen.

Es war Abend um ihn geworden. Und in seinen Augen war die stille schwarze Nacht. Augen wie dunkler Samt – voll Traurigkeit und Verstehen und Einsamkeit und Liebe. Die Augen eines Märchenerzählers.

Warum hatte er sich damals von seiner Frau getrennt? Oder war es so, dass sie sich von ihm getrennt hatte? Warum waren sie am Ende beide verschiedene Wege gegangen?

Die schöne blonde Frau war an Krebs erkrankt. Aber sie hatte es niemandem gesagt. Sie hatte getanzt. Bis zur letzten Stunde hat sie getanzt. Aber sie hatte ihn nicht mitgenommen bis zur letzten Stunde…

Oder – er war nicht mitgegangen.

Da war soviel Abwehr, soviel Fremdheit und Distanz gewesen, die letztlich nur der Verzweiflung und Todesahnung entsprangen.

Eine Gazelle auf der Flucht…

Seine Gazelle.

Gejagt…

Die Musik klang aus. Die Tanzenden setzten sich erhitzt auf die Kissen und Matten. Die Kinder schmiegten sich an ihre Mütter oder lehnten sich an die Schultern ihrer Väter, kuschelten sich in die Decken, ließen sich die Haare kraulen und hörten zu.

»Ich bin ein Märchenerzähler aus der arabischen Wüste«, begann der Märchenerzähler. »Ich wohne in einer Hütte am Rande des Dorfes. In der Nähe der Hütte gibt es drei wunderschöne, junge, schlanke...«, er machte eine Pause, »...Palmen. Aber ich bin ein armer Mann, ich bin arm und faul. Ich bin sehr faul. Ich sitze vor meiner Hütte und warte, bis ein Wanderer oder eine Karawane vorbeikommt, dann lasse ich mir eine Geschichte erzählen. Ich habe euch zwei Geschichten mitgebracht. Die eine heißt: Der Prinz und die große Liebe. Die andere handelt von der schönsten Frau in der arabischen Wüste. Welche wollt ihr hören?«

Die Kinder, schon halb im Schlaf, hörten die ruhige Stimme, sahen die Palmen und die Karawane auf der Wüstenwanderung, träumten sich in das Raunen des Windes hinein und murmelten: »Die Geschichte vom Prinzen..., ja, die vom Prinzen...«

Da erzählte der Märchenerzähler die Geschichte von dem Prinzen. Er strich sein fliederfarbenes, golddurchwirktes langes Gewand zurecht, ordnete die Falten des gelben Mantels, ließ die Perlen der Kette durch seine Finger gleiten und sprach. Und erzählte von dem Prinzen, der so jung und schön war, aber immer nur einsam unter dem Nachthimmel saß und mit den Sternen redete. War es nicht sein eigener Sohn? Der, von dem Iskander gesagt hatte, dass er so schön sei, dass alle Männer in den Teehäusern Kairos ihn liebten und verehrten und alle Frauen ihn bewunderten und begehrten. Wenn er seine seidig-langen Wimpern aufschlug, erwachten die Märchen und Träume, sagte Iskander. Und dass es bisweilen schwierig sei, neben einem solchen angebeteten Mitstudenten und Freund zu leben.

Der Märchenerzähler sprach von dem Prinzen und der Begegnung mit dem armen, schönen Mädchen, das sich nichts aus dem angebotenen Reichtum machte, weil es nur den allerärmsten Dichter liebte, der so wunderschöne Worte fand. Keinem anderen wollte es jemals sein Herz schenken. »Da zog der Prinz in die Wüste, schaute hinauf zu den Sternen und dichtete die herrlichsten Gedichte und Geschichten, in denen seine große, große Liebe war.«

Die Kinder schlummerten. Die Erwachsenen hatten sich behaglich zurückgelehnt und sahen den Märchenerzähler an, in dessen schimmernden schwarzen Augen die Liebe nistete, nicht die feurige, jugendliche Achmed-habibi-Liebe, nein, die große, große, die alles verloren hat und alles geopfert hat, die den Tod der Gazelle nicht verhindert hat – die Liebe in den Liedern und Gedichten und Worten unter den Sternen der Wüste.

Samtaugen voll Nacht und Schuld, voll Erbarmen und Verstehen, voll Erinnern und Leben.

Augen der Liebe.

* * *

Psalm 30

Du hast mir das Leben neu geschenkt

Ich preise dich, Herr,
denn aus dem Abgrund hast du mich heraufgeholt.
Herr, mein Gott,
ich schrie zu dir um Hilfe,
und du hast mich wieder gesund gemacht.
Du hast mich von den Toten zurückgeholt.

Ich stand schon mit einem Bein im Grab,
doch du hast mir das Leben neu geschenkt.

Ihr alle, die ihr zum Herrn gehört,
preist ihn mit euren Liedern,
dankt ihm und denkt daran, dass er heilig ist!
Nur einen Augenblick trifft uns sein Zorn,
doch lebenslang umgibt uns seine Güte.
Am Abend mögen Tränen fließen,
am Morgen jubilieren wir vor Freude.

Als ich mich sicher fühlte, dachte ich:
»Was kann mir schon geschehen?«
Durch deine Güte, Herr, stand ich fester als die
Berge.
Doch dann verbargst du dich vor mir
und stürztest mich in Angst und Schrecken.
Ich schrie zu dir um Hilfe, Herr, und fragte dich:
»Was nützt es dir, wenn ich sterbe,
wenn ich ins Grab hinunter muss?

Kann einer dir auch dann noch danken,
wenn er zu Staub zerfallen ist?
Kann denn ein Toter deine Treue preisen?
Herr, hab Erbarmen, höre mich,
sei du mein Helfer, Herr!«

Du hast mein Klagelied in Freudentanz verwandelt, mir statt des Trauerkleids ein Festgewand gegeben.

Ich mußte nicht für immer verstummen;
ich kann dich mit meinen Liedern preisen.
Dir, Herr, mein Gott, gilt allezeit mein Dank!

* * *

Ab heute bin ich nicht mehr ehrgeizig!

»Wenn Sie weiterhin so ehrgeizig sind, werden Sie nie gesund«, sagte der Arzt.

»Wenn Sie weiter an so vielen Fronten kämpfen, wird der Krebs Sie am Ende besiegen«, sagte der Psychotherapeut.

»Sie sind viel zu sehr auf Leistung fixiert«, sagten die Kollegen.

»Du bist viel zu perfektionistisch«, sagten die Freunde.

»Du siehst alles viel zu eng«, sagten meine vier Kinder und empfahlen mir, die letzten schönen Tage meines Lebens (mit Brechreiz über ein Spülbecken gebeugt) zu genießen.

Also beschloss ich (wegen der höheren Lebenserwartung – natürlich nur deswegen! – , aber eigentlich eher, weil mir jede Kraft zum Widerspruch und die Streitlust völlig abhanden gekommen war): »Ab heute bin ich nicht mehr perfektionistisch, leistungsorientiert, konkurrierend und kämpferisch (falls ich das überhaupt einmal gewesen bin). Ab heute werde ich alles nicht mehr zu eng sehen. Ab heute bin ich nicht mehr ehrgeizig.«

Es wurde ein wunderbares Leben.

Ich lebte. Das war's vor allem, ich lebte – alles andere erschien daneben völlig unwichtig. Ich lebte noch. Gott erhielt mich am Leben, das er mir noch einmal neu geschenkt hatte. Da wurde alles andere wirklich völlig gleichgültig.

Ich erinnerte meinen Mann nicht mehr an seine tausend Termine als Pfarrer einer riesigen Gemeinde.

Ich ermahnte und erzog meine Kinder noch weniger als

vorher und fand ihre Fünfen und Sechsen und Nichtversetzungen angesichts meines baldigen und vorhergesagten Endes auch tatsächlich völlig unbedeutend.

Ich schied aus dem Schuldienst und hörte gelassen zu, wenn die verwaisten und traurigen Schüler sich beklagten und berichteten, dass ich die beste Lehrerin aller Zeiten gewesen war und überhaupt nicht zu ersetzen sei.

Ich räumte meinen Schreibtisch aus und wollte die Perlen von Literatur aus meiner Feder endgültig wegwerfen, nachdem ich mich bisher nie getraut hatte, irgend etwas davon zu veröffentlichen oder bei irgendwelchen Wettbewerben mitzumachen.

Da sich eh keiner für meinen Nachlass interessierte, steckte mein Mann einige Proben meiner Weltliteratur in einen Umschlag und schickte diesen einem Verlag. Bald darauf erschien das erste Taschenbuch und ein Jahr später das zweite. Ein Verleger bat um den Rest der gesammelten Werke, ein Kinderbuchverlag wollte die Kindergeschichten haben, ein anderer Verlag interessierte sich für weitere Beiträge. Mit milder Hand und ohne jeden Ehrgeiz verteilte ich die Produkte meines Dichtens und Trachtens aus meiner ehrgeiz-besessenen (wirklich?) Poetenvergangenheit. Honorare gab es selten. Mir war's egal.

»Und nun begrüßen wir die Frau unseres Pfarrers«, jubelte einer der Stadtväter beim Neujahrsempfang, »die unseren Heimatort durch ihr Buch berühmt gemacht hat.« »Sie hat schon mehr geschrieben als ein Buch«, raunte ihm der Nachbar zu, »sie hat schon sechs geschrieben.« Daraufhin korrigierte sich der Sprecher und sagte laut mit der außerordentlichen Betonung der wichtigen Zahl: »…unsere liebe Pfarrersfrau, die SECHS (sprich Sex-) Bücher geschrieben hat.« So kam ich ohne Ehrgeiz in die Schlagzeilen, ins Fernsehen, in den Rundfunk und zu mittlerweile sechzehn Büchern, die fast alle vergriffen sind. Meine glanzvolle Karriere als vergriffene Schriftstellerin verläuft ohne jeden Ehrgeiz, ohne große Honorare, aber wunderbarerweise auch ohne Krebs.

Die politische Wende durch den Fall der Berliner Mauer kam mir gerade recht als Neuanfang für ein bescheidenes Leben ohne Ehrgeiz, Perfektionismus und Leistungdruck. Wir verließen unser Pfarrhaus mit den 13 Zimmern und suchten eine kleine Wohnung in den Neuen Bundesländern. »Sie können sofort unsere Wohnung haben, wenn Sie das ganze Haus übernehmen«, sagte der einzige Anbieter, und plötzlich hatten wir ein altes Haus mit zwei Mietparteien, vielen Renovierungen und großen Reparaturen (klar, nach mindestens 40 Jahren Flickschusterei) am Hals. Da war mit der Verkleinerung wohl etwas schief gelaufen...

»Können Sie nicht vertretungsweise in der Erwachsenenbildung einspringen und über Sterbebegleitung sprechen?« fragte man. Ich wischte mir die Tränen ab, die ich über den Tod meiner Mutter vergossen hatte. Ich beendete die Trauerarbeit wegen des Todes meiner Schwiegermutter und fand viel Trost, indem ich über Sterbebegleitung und Abschiednehmen referierte. Ohne jeden Ehrgeiz und oft ohne Bezahlung hielt ich manchmal acht Stunden Unterricht am Tag. Abends gab ich kostenlos Kurse über Themen, die mir selber so viel inneren Gewinn brachten und Spaß machten, dass ich sie gerne mit anderen teilen wollte. Das Leben der Frauen in anderen Kulturen interessierte mich. Ich las und las, sah mir Dokumentarfilme an und wollte gerne meine Erkenntnisse mitteilen und mich darüber austauschen. Also, ich weiß nicht, wie es kam: Der Terminkalender war auf einmal wieder übervoll und das Haus viel zu groß – , aber: Ich hatte wirklich nur den einzigen Ehrgeiz, nicht mehr ehrgeizig zu sein.

»Wir müssen uns jetzt endgültig verkleinern«, stellte ich fest und, um uns dem neuerlichen Leistungsdruck und

Konkurrenzkampf zu entziehen, zogen wir in ein altes Bauernhaus mit drei kleinen Schlafkammern, einer verräucherten Küche und einem Klo auf dem Hof. Zunächst war das einfache Leben mit der Naturverbundenheit eine einzige Freude. Aber dann kam der Winter. Der kalte Wind blies durch die Ritzen. Durch das Dach strömte der Regen. Wir legten eine Blechtüre auf die Holzsparren, aber sie hielt den Wassermassen nicht stand, und wir baten den Maurer, das Dach neu zu decken, während wir solange woanders eine Bleibe suchten. Als wir wiederkamen, hatte der Bauarbeiter einen Betongürtel um das alte Gemäuer gelegt, damit die Lehmwände das neue Dach tragen könnten. Dieser Gürtel war so schön stabil, dass der Maurer voll Begeisterung über sein Werk Betonpfosten darauf gesetzt hatte. Nun konnte er ein ganz neues Dachgeschoss ausbauen.

Seitdem lebe ich auf dieser Baustelle und zwischen den Grundsäulen für ein zweistöckiges, solides, großes Wohnhaus und frage mich, was ich eigentlich falsch mache… Ich wollte doch gar nichts mehr erreichen, nichts mehr bauen und leisten. Ich wollte nur noch fröhlich, bescheiden und dankbar leben, einfach nur leben…

Wieder saß ich bei einer Prominentenrunde auf der Bühne und ließ mich von einem munteren Talkmeister zu einem Kartoffelschäl-Wettbewerb hinreißen. »Warum muss ich bei diesen schönen jungen Kartoffeln das Beste wegschälen?« protestierte ich und schälte nur, um nicht Spielverderber zu sein, und schälte ganz dünn und ganz langsam und ertrug den Spott der Zuschauer. Das war mir doch sowas von egal, ich wollte sowieso nie mehr die Beste und Erste sein! Als ich endlich fertig war, wurden – wir waren alle überrascht! – nicht etwa die gestoppten Zeiten der Kartoffelschäler verglichen und die Schnellsten, Ersten und Besten herausgelobt, sondern es wurden *die Schalen gewogen*, ja, wirklich, nicht etwa die geschälten Kartoffeln, nein, die Kartoffelschalen wurden gewogen; und siehe da, ich hatte den geringsten Abfall produziert und war Sieger und kriegte den 1. Preis. So ein Pech. Ich wollte doch überhaupt nie mehr siegen und nie mehr die Beste sein, ich wollte wirklich nicht mehr ehrgeizig sein.

Nur tanzen wollte ich noch. Einfach meine Freude ausdrücken und tanzen:

»Ich danke dir, mein Gott.
Du hast mir das Leben neu geschenkt,
Du hast meine Klage in einen Reigen verwandelt,
Du hast mir das Trauerkleid ausgezogen
und mich mit Freude gegürtet.«

So wollte ich tanzen. Ich wollte so gerne einen Freudenreigen wie im 30. Psalm tanzen. Vielleicht so wie die Frauen im Orient, wenn sie zusammen sind und fröhlich ihre Feste feiern. Sie breiten ihre Arme aus und tanzen, sie heben die Arme hoch, klatschen in die Hände und tanzen, oder sie schnippen mit den Fingern hoch über ihrem Kopf und strahlen vor Glück. Mir war es so wichtig, die Arme ausbreiten zu können. Immerzu dachte ich daran, dass ich wie ein Vogel, wie ein Schmetterling die Flügel ausbreiten wollte, um zu fliegen, zu tanzen, zu schweben.

Natürlich konnte ich gar nicht tanzen. Ich hatte nie getanzt, immer hatte ich »Wichtigeres« zu tun gehabt. Jetzt fiel mir die Geschichte von der Hummel ein, die so schwer ist, dass sie nach den Gesetzen der Flugtechnik mit ihren viel zu kleinen Flügeln überhaupt nicht fliegen kann. Im Verhältnis zu ihrem schweren Körper von 1,2 g ist die Flügelfläche mit 0,7 cm^2 einfach zu klein. Aber die Hummel, die mit biologischem Namen BOMBUS heißt, weiß das nicht. Sie fliegt einfach.

Ich wollte auch fliegen, schweben, tanzen. Ich dachte an

die Hummel, musste lächeln, breitete die Arme aus und wollte tanzen.

»O Mensch, lerne tanzen, sonst wissen die Engel im Himmel nichts mit dir anzufangen«, heißt es bei dem großen Kirchenvater Augustinus.

Ich schloss mich der Gruppe unter der Leitung von Marlis an. Marlis ist eine junge hochbegabte Studentin und ehrgeizige orientalische Tänzerin, die alle anderen in den Schatten stellt. Sie kann sich wirklich mit den besten Tänzerinnen messen. Nachdem ich sie das erste Mal tanzen sah, gab ich meine eigenen Bemühungen auf und schaute nur noch ganz atemlos vor Staunen und Bewunderung zu. Ich versuchte nicht mehr krampfhaft, irgendeinen Hüftschwung, irgendeine Drehung perfekt zu beherrschen, das konnten die anderen viel besser. Von jetzt an war ich überhaupt nicht mehr ehrgeizig. Wirklich, keine Spur. Ich tanzte nur noch glücklich für mich allein und so gut ich konnte, wie eine honigtrunkene Hummel, die nicht weiß, dass ihre viel zu kleinen Flügel sie eigentlich gar nicht tragen und daran hindern können, zu fliegen.

Ich tanzte. Es war schön so.

Bei einer großen orientalischen Gala-Show kündigte Marlis plötzlich an: »Jetzt tanze ich nur für Barbara.« Sie meinte wirklich mich. Ich hatte zur Einführung einige Sätze gesagt und auf die Geschichte und die kulturelle Bedeutung des orientalischen Tanzes hingewiesen. Ich hatte von Mirjam und dem Zug durchs Rote Meer erzählt, und wie sehr diese Geschichte meiner eigenen gleicht. Die Frauen hatten im Reigen getanzt, viele glücklich lächelnde junge Frauen, alle mit anmutigen, wiegenden Schritten. Sie trugen Kerzen in ihren Händen und schritten im Kreis und in schöner Harmonie.

Dann kam Marlis. Geheimnisvoll von einem zarten Schleier umweht, erschien sie und schenkte mir mit einem huldvollen Lächeln diesen Tanz. Nach den ersten Schritten und Bewegungen, die sie wie ein Schmetterling vor seinem Flug mit gefalteten, zusammengelegten Flügeln in ihrer durchsichtigen Umhüllung tat, ließ sie den Schleier zu Boden gleiten und tanzte dann feurig, temperamentvoll, leidenschaftlich – wunderschön. Sie hatte ein aprikosenfarbenes, im Kerzenlicht wunderbar leuchtendes und glitzerndes perlenbesticktes Kleid an, das ihren biegsamen jungen Körper eng umschloss. Mit geschmeidigen Händen strich sie immer wieder durch die langen kastanienroten Haare, warf eine Haarsträhne auffordernd zurück und blickte mit sprechenden Augen – ja, ich glaube, sie sah uns an, aber auch durch uns hindurch. Sie sah alle an, und jede meinte, dass nur sie gemeint sei. Ich empfand es jedenfalls so, ich war ganz verzaubert von diesem Geschenk.

Die Kerzen im Saal leuchteten und flackerten bei dem Windhauch wie Sterne, und die Klänge der fremdländischen orientalischen Instrumente tönten in den Nachthimmel hinaus. Marlis tanzte. Manchmal huschte ein Lächeln über ihr konzentriertes Gesicht. Sie tanzte atemberaubend schön. Keine Geste wiederholte sich, keine Drehung glich der anderen, jeder Schwung, jedes Zittern, jede Bewegung war einmalig, neu geschaffen, soeben geboren worden.

Sie hätte Hunderte von Mark für diesen Auftritt nehmen können. Und stellen Sie sich vor, sie tanzte nur für mich!

Wie ich zu solcher *Ehre* komme? Na, weil ich überhaupt keine Konkurrenz mehr, weil ich überhaupt nicht mehr *ehr*-geizig bin.

* * *

Eliška tanzt

Die zierliche schwarzhaarige Tänzerin erhob sich und machte lächelnd eine Verbeugung vor mir, als ich zu erzählen aufgehört hatte. Dann begann sie zu tanzen. Sie breitete die Arme aus und hielt in den ausgestreckten Handflächen ihren Dank und ihre Liebe.

Das schwarze knappe Mieder mit den langen Ärmeln, die eng anlagen, hatte einen runden Ausschnitt, aus dem das Köpfchen wie eine Blüte wuchs. Das Gesicht mit dem anmutigen Lächeln strahlte vor Glück. Sie tanzte ganz für sich, ganz in sich ruhend, und doch ganz den Zuschauern zugewandt.

Sie drehte sich, und der knöchellange schwarze Rock schwang in Wellen um sie herum. Die nackten Füße schienen über dem Boden zu schweben. Sie tanzte mit nie gesehener Grazie – heißt Grazie nicht auch »Dankeschön« in südlichen Ländern? Sie tanzte »Dankeschön«, Danke für die erzählte Geschichte. Aber sie tanzte gleichzeitig meine erzählte Geschichte. Und die war ein einziger Dank an Gott, der mich gerettet und mir ein neues Leben geschenkt hatte, ein ganz wunderschönes neues Leben, in dem mir Menschen begegneten, die malen und musizieren und singen, die Gedichte machen und Träume haben, die nicht mehr klagen müssen, sondern Gott preisen, auf die vielfältigste Weise.

Ich lernte Frauen kennen, deren Leben sich in einen Reigentanz verwandelt hatte wie bei Mirjam, die nach dem Durchzug durch das Rote Meer die Handtrommel erhob und den Reigentanz anführte mit dem Lob-Lied, dem Mirjam-Lied – dem ältesten Text aus dem Alten Testament, der überliefert ist:

> Gelobet sei der Herr,
> denn hoch erhaben ist er,
> Ross und Reiter warf er ins Meer.

Meine erste Mirjam, der ich nach dem »Durchzug durch das Rote Meer« glücklich hinterhertanzte, war Sultana. Die Gefahrenzone, aus der ich entkommen war, hieß Krebserkrankung, hieß Operation und Bestrahlung und Chemotherapie. Und die feindlichen Heere, die mir nachsetzten und mich zurückerobern wollten, meine »ägyptischen Reiter«, das waren die Krebszellen. Wie durch ein Wunder gelangte ich ans rettende Ufer. Dort sehe ich mich heute noch öfter stehen und kann mich nicht lassen vor Freude, Dankbarkeit und Glück. Dann hebe ich die Arme und tanze hinter Mirjam her und singe: »Gelobt sei der Herr, denn er hat eine große Tat getan.«

Und manchmal, wenn ich mich umdrehe und zurückschaue, muss ich innehalten in meinem Freudenreigen, weil ich Gottes Güte nicht verstehen kann: Warum hat er mich gesund werden lassen, ausgerechnet mich? Warum mussten so viele andere untergehen? Ich weiß keine Antwort darauf.

Immer wieder verwirrt mich die Frage des Mädchens, das aufmerksam der Geschichte vom Durchzug durch das Rote Meer gelauscht hatte: »Warum hat Gott die unschuldigen Tiere ertrinken lassen?« Dieses zwölfjährige Mädchen war wie viele andere in seinem Alter eine Pferdeliebhaberin, und es war tief verletzt.

Wie konnte das Kind verstehen, dass »Ross und Reiter« ein symbolischer Begriff für die »herr«-liche Macht ist? Ein Ausdruck für alle Machthaber, die sich gewaltig und groß vorkommen. Ein Bild für die Macht, die so anmaßend ist, dass sie sich über andere erhebt. Wie konnte ich dem Kind klarmachen, dass Gott allein der Mächtige ist und alle andere Macht auf Erden nur geliehen ist? Auch die des Krebses.

Wirklich? Wirklich auch die des Krebses? Glaubte ich das denn? Glaubte ich das wirklich selbst?

Ja, warum mussten die unschuldigen Pferde ertrinken? Ich verstehe so vieles nicht. Aber dann erklingt plötzlich die Musik, und aus dem Klagelied wird ein Freudenreigen, und eine Mirjam tanzt und singt ihr Loblied. Und ich tanze dankbar hinterdrein.

Heute war es Eliška, die mit so viel Seele ihren Dank zum Ausdruck brachte, indem sie tanzte. Sie sprach gar nichts. Der tanzende Körper sprach. Die leuchtenden Augen sprachen. Das Lächeln sagte Dank. Die huldvolle Verneigung des Oberkörpers sprach. Die verehrend-sehnsuchtsvoll ausgestreckten Arme sprachen. Die zitternden Schultern und die wiegenden Hüften sprachen. Manchmal lief ein Muskelschauer wie eine sich leicht kräuselnde Welle von den Füßen den Körper herauf, wie eine kleine heitere Meereswoge, die ans Ufer rollt und dort plätschernd über Sand und Muscheln ausläuft und murmelt.

Der beredte Körper.

Der sprechende Körper.

Die Sprache der Tänzerin. Was tanzt sie? Sie tanzte:

> Du hast meine Klage in einen Reigen verwandelt.
> Ich musste nicht für immer verstummen.
> Ich kann dich mit meinem Lied preisen.
> Ich kann dich mit meinem Tanz preisen.

Wir saßen der Tänzerin zu Füßen und schauten atemlos zu. Unsere Seele tanzte mit.

»Du tanzt so schön. Wir verstehen, was du damit sagst. Du kannst mit deinem Tanz alles ausdrücken. Würdest du diesen Tanz zur Ehre Gottes einmal in der Kirche tanzen? Er preist Gott mehr als all unsere Worte. Kommst du mit und tanzt?« fragten wir.

»Ich habe mir immer gewünscht, für Gott zu tanzen«, sagte Eliška.

»Und wir haben uns immer gewünscht, dass im Gottesdienst getanzt wird«, sagten wir, »ein Tanz, so wie es die Psalmen sagen. König Davids Tanz, Mirjams Tanz… oder so, wie es in den Psalmen steht:

> »Feiert Gottes Namen beim Reigen!«
> (Psalm 149)
>
> »Lobet Gott mit Psalmen und Reigentanz!«
> (Psalm 150)

»Ja, das habe ich mir immer gewünscht«, sagte Eliška. »Beim nächsten Gottesdienst werde ich dabeisein und zum Lob Gottes tanzen.«

So war es also beschlossene Sache. Wir würden die Tänzerin am Diakoniesonntag morgens abholen und mit ihr zum großen Festgottesdienst fahren. Wir hatten uns sehr gut vorbereitet, Pfarrer, Tänzerin und Begleitung. Nur mit der Coolness unseres Chauffeurs Jakob hatten wir nicht gerechnet, der gerade zu Besuch da war und den Fahrdienst übernommen hatte. »Beeil dich doch, Eliška wartet.« »Mami« – er zog vorwurfsvoll die Augenbrauen hoch und blieb cool. Er probierte aus, ob ein anderes Hemd nicht doch besser zu seinem Outfit passte und überprüfte noch einmal und noch einmal seine tadellose Frisur. »Beeil dich doch, wir kommen zu spät«, ich konnte es nicht lassen und drängte unruhig.

»Ich bin der Fahrer«, sagte er und bewegte sich noch gelassener und ruhiger. Vielleicht passte das schwarze Hemd vom Vater doch besser als das weiße. Und lässt man es lieber offen oder bindet man eine Krawatte? Nein, lieber offen lassen. Wieviele Knöpfe werden nicht zugeknöpft? Ja, so geht es…

Die Zeit lief davon. Wir würden es nie schaffen. Und ich stand da und wartete. Und vor ihrem Haus stand Eliška und wartete. Und in Wismar stand der Pastor in der Kirche und wartete.

An einem sommerlichen Sonntagmorgen an der Ostseeküste entlangfahren – welch eine wunderschöne Reise könnte das sein! Der Weg war jedoch weiter, als man dachte. Der Schwierigkeiten in Form von roten Ampeln, Geschwindigkeitsbegrenzungen, Bahnübergängen und Autostaus waren unzählige.

Eliška saß – nun, nicht gerade entspannt – im Auto, das im höchstmöglichen Tempo die Alleen entlang brauste. Mit jeder vergehenden Minute schwand ihr Traum dahin, in der Kirche zu Gottes Ehre zu tanzen. Mit jeder vergehenden Minute wuchs ihre Traurigkeit. Wir schwiegen, schwiegen eisern, mit einem kleinen Funken Hoffnung im Herzen, dass es vielleicht doch noch klappen würde.

»Wann bin ich an der Reihe?«

»Gleich am Anfang, du tanzt den Eingangspsalm.«

»Das ist ja noch schwieriger, als ich dachte. Wenn ich gegen Ende des Gottesdienstes tanzen dürfte, da hätten wir noch Zeit, das wäre gar kein Problem. Aber am Anfang… Das ist völlig aussichtslos.«

Wir rasten weiter.

Die Glocken hörten auf zu läuten, als wir in die Straße zur Kirche einbogen. Die Orgel brauste auf, als wir durchs Kirchportal eintraten. Die riesige Hallenkirche war bis zum letzten Platz besetzt. Die Pastoren und Mitarbeiter zogen gerade feierlich nach vorn zum Altarraum. Eigentlich hätten wir auch dasitzen und den Einzug erwarten müssen. Nun waren wir zu spät gekommen. Als letzter in der Prozession schritt der Pfarrer, der sich Eliška Tanz so gewünscht hatte. Wie schön er sich das vorgestellt hatte! Die Gehörlosen in den ersten Reihen hätten die getanzten Worte des 100. Psalms so gut verstehen können:

> Dienet dem Herrn mit Freuden,
> kommt vor sein Angesicht mit Frohlocken…

Sehnsüchtig und ein bisschen enttäuscht drehte sich der Pastor ein letztes Mal um – und da sah er uns zur Tür hereinkommen:

> »Gehet zu seinen Toren ein mit Danken,
> Zu seinen Vorhöfen mit Loben.«

Es war keine Zeit mehr, die Musik einzustellen oder die Gewänder zu ordnen und sich besonders zu schmücken. Barfuß in ihrem kostbaren langen schwarzen Kleid zündete Eliška die beiden Kerzen an und wartete hinten im Kirchenschiff auf das Eingangswort.

»Sind Sie die Sängerin«? fragte der Küster und staunte die Frau an, die so wunderschön aussah. Ruhig und gesammelt schickte sie sich an, zum Altar nach vorne zu gehen.

»Ich bin die Tänzerin«, sagte Eliška.

Da staunte er noch mehr und blieb mit offenem Mund neben ihr stehen.

Der Pastor erhob sich und las laut: »Der 100. Psalm. Loblied für das Volk Gottes.« Nach dieser Ankündigung schwieg er und schaute in die Ferne, wo Eliška mit erhobenen Händen, in denen die Kerzen leuchteten, stand.

Sie schritt den Gang entlang. Sie schritt mit solcher Grazie und Anmut, sie schritt mit solcher feierlichen Schönheit den Gang entlang, dass alle Menschen ergriffen waren. Sie reckten nicht die Hälse und drehten sich nicht um, sondern begleiteten sie mit ihrer Andacht auf dem Weg zum Altar. Die tausend Menschen in der riesigen Kirche.

Eliška schritt. Die schimmernden Kerzen hielt sie in ihren Händen, als trage sie ihr Herz zum Altar.

Mir war, als zerspringe der eiserne Reifen, der sich um meine Seele gelegt hatte. Der eiserne Ring aus Anspannung und Erwartung und Bangen. Er zersprang und löste sich auf. Aus dem Schluchzen quollen Tränen. Und durch die Tränen hörte ich:

> »Jauchzet dem Herrn, alle Welt.
> Kommt vor sein Angesicht.«

Durch den Tränenschleier sah ich Eliška tanzen. Die beiden Lichter in ihren Händen leuchteten. Das Chaos und die Unruhe des Alltags, die Hektik und Panik hatten sich geordnet und waren Ruhe und Kraft geworden, Harmonie um die eine Mitte herum, um die einzige Mitte:

> »Und sie singen im Reigen und sagen:
> Alle meine Quellen entspringen in dir.«
> (Psalm 87,7)

Auf den Stufen im Altarraum tanzte Eliška zu den Worten des 100. Psalms. Tanzte Eliška – und tanzte meine Seele. Es war alles vorbei. Es lag alles hinter mir. Ägyptenland und Fremde und Rotes Meer. Die Krisen und Qualen, die die Krebserkrankung mit sich gebracht hatte. Die Fleischtöpfe Ägyptens. Am rettenden Ufer im neu geschenkten Leben tanzte meine Seele.

Sie tanzte für den, der der Herr des Tanzes ist, Jesus

Christus, »the Lord of the Dance«, wie die Quäker in einem modernen Lied singen:

»Tanzt, tanzt, wohin ihr immer geht!
Ich führ euch fort und ich führ euch wieder her
und ich führe euch in dem Tanz, sprach er.«

Der Traum, den wir alle miteinander geträumt hatten, war wahr geworden. Der eine hatte ihn geträumt, weil Bewegung und Ganzheitlichkeit beim Gottesdienst ihm so wichtig erschien und weil der Tanz in den Religionen schon immer seinen festen Platz hatte und dazugehörte. So sollte es heute wieder sein. Die andere hatte ihn geträumt, weil der Tanz ihr der einzige Ausdruck für ihren Dank und Jubel gegenüber Gott zu sein schien. Noch eine andere hatte ihn geträumt, weil sie empfand wie der Psalmist:

»Du hast mein Klagelied in Freudentanz
verwandelt,
mir statt des Trauerkleids ein Festgewand gegeben.
Dir, Herr, mein Gott, gilt der Tanz
meiner leidenschaftlichen Seele.«

* * *

Kleider machen Freunde

Wir sind absolute Portugalfans. Wir lieben Portugal. Da gibt es keine Kompromisse. Wir sind, seit wir nach Portugal reisen, immer mit geschlossenen Augen durch Spanien gefahren. Im Flugzeug haben wir höchstens einmal betont gelangweilt und uninteressiert auf die ewig gleiche Berglandschaft Spaniens hinuntergeschaut und uns gefragt, ob wir wohl schon bald in Portugal sein werden. Ja, immer mit geschlossenen Augen sind wir durch Spanien gefahren, auch mit angehaltenem Atem. Denn für uns gibt es nur Portugal. Wir lieben dieses Land mit ungeteiltem Herzen und fühlen uns nur hier wohl und atmen nur hier, nur portugiesische Luft atmen wir ein.

Schon beim ersten Besuch vor vielen Jahren sagte die portugiesische Reiseleiterin, dass wir unsere Kenntnisse im Spanischen gar nicht erst hervorzukramen brauchen, denn das verstehe hier eh keiner. Kein Portugiese verstehe spanisch, das sei überhaupt keine Sprache, dieses rauhe Rachenkratzen und dieses Gelispel und Mit-der-Zunge-Anstoßen.

Seltsam, die spanische Reisebegleitung auf der Studienreise durch Spanien hatte doch tatsächlich dasselbe gesagt, nämlich dass Portugiesisch gar keine Sprache sei. Kein Spanier verstehe sie und könne diesem Genuschel mit den vielen sch-Lauten einen Sinn entnehmen.

Die Reiseteilnehmer, die daraufhin Widersprüche geltend machten und auf die Sprachverwandtschaft, es seien doch romanische Sprachen desselben Ursprungs und so, verwiesen, wurden abgeschmettert, sowohl in Spanien als auch in Portugal. Dann folgten jedesmal Exkurse über Kriege und Grenzstreitigkeiten und Heiraten, über Annektionen und andere Maßnahmen zur Unterwerfung, Vereinheitlichung oder was auch immer für Beweggründe von Machthabern und Königen, die beiden Länder zu vereinigen. Und nicht jedesmal ist nach einem Sieg des einen Landes über das andere eine Kirche zur Ehre Gottes oder zum Dank wie etwa das Kloster Batalha gebaut worden. Wir begriffen also sehr schnell, dass es nur eine einzige Möglichkeit gibt: Entweder nur Spanien oder nur Portugal.

Wir entschieden uns in heißer Liebe und eiserner Konsequenz für Portugal, machten niemals Station auf spanischen Rastplätzen, fuhren in Spanien nur auf Nationalstraßen, um keine peaje in Peseten zahlen zu müssen, und wie gesagt, wir atmeten in Spanien nicht und guckten weder rechts noch links. Wir fuhren nur durch, weil wir eben durch mussten.

Warum wir nun trotzdem einmal den Sprung über die Grenze, die keine mehr ist, wagten, – tja, das müssen wir wohl erklären. Es musste sein. Es war das eine einzige Mal, ein verzeihlicher Ausrutscher und bestimmt zu entschuldigen, da wir es nur für Eliška getan haben.

Eliška wohnt im kühlen Rostock an der Ostsee und – ich kann nicht aufhören, es zu beschreiben – tanzt wundervoll. Auch südländisch, wenn auch nicht gerade Flamenco. Nein, nein, sie weiß, was sie einem Portugalfan zumuten darf und was nicht, wo seine Grenzen sind und was sich für ihn schickt. Sie tanzt – na, sagen wir: andalusisch, ganz weich und melodisch. Kein Gestampfe und Getrappel, kein feuriges Röcke-Rascheln, es ist ein wunderschöner Eliška-Tanz im andalusischen Stil. Und dafür braucht sie ein andalusisches Kleid, eben ein originales Tanzkleid aus Spanien.

»Bringt mir doch, bitte, ein Kleid mit!«bat sie mit wunderschönen Augen. »Ihr seid doch ganz in der Nähe, bringt mir doch mal so ein Kleid mit.«

Wir haben wirklich alle Läden und lojas und Boutiquen in unserem Portugal abgeklappert und uns manchmal geschämt, wenn wir mit unseren abartigen unportugiesischen Wünschen auf höflich-portugiesisches Befremden stießen.

Aber nun, zu ihrem Geburtstag und für ihren festlichen Auftritt wollten wir der lieben Eliška doch eine besondere Freude machen.

Es war Anfang des Jahres, völlig außerhalb der Saison, die Geschäfte lagen eh im Winterschlaf und hatten alle Tanz- und Sommerträume eingemottet, keiner würde uns groß beachten, wenn wir mal eben...

Und so sausten wir über die kostenfreie Autobahn, über die neu gebaute Brücke Richtung Huelva und Sevilla, und wir wären bestimmt in Sevilla gelandet, wenn wir nicht andauernd in feinem Portugiesisch gefragt hätten, wo man hier wohl ein Kleid für Eliška kaufen könnte. Diese kleinen Schwätzchen mit Spaniern in Spanisch, was wir übrigens sehr gut verstehen konnten, waren sehr amüsant, hielten uns bei der Einkaufsreise beziehungsweise Entdeckungsfahrt aber leider sehr auf.

Ein spanischer wohlbeleibter Kaufmann (niemals hätten wir uns die spanischen Nachbarn so gewaltig und beleibt vorgestellt) konnte sich seinerseits recht gut vorstellen, was wir wollten, und erklärte uns liebenswürdig den Weg zu dem betreffenden Geschäft. Nicht nur liebenswürdig, nein, auch sehr wortreich, sehr ausführlich und unterhaltsam, da sich inzwischen schon mehrere Zuhörer und Gesprächsteilnehmer dazugesellt hatten. Man diskutierte das Woher und Wohin, holte schließlich auch eine kitschig-schönscheußliche Porzellanfigur herbei, die eine Flamenco-Tänzerin darstellte, und alle riefen Oh! und Ah , (wir auch, denn diese sinnenfrohe konkrete Darstellung ersparte uns einen Haufen Vokabeln), und außerdem wusste nun jeder, was wir suchten, und wusste auch ungefähr, wo dies zu haben sei. Jedenfalls: ungefähr. Schließlich erbot sich ein älterer Herr, uns dorthin zu fahren, wo unser Begehr war... »Warten Sie, bitte, ich hole erst mein Auto.« Wir warteten, er fuhr vor. Wir stiegen ein. Er fuhr die Haupt- und Prachtstraße entlang, über große Plätze, an historischen Denkmälern vorbei, erklärte engagiert die öffentlichen Gebäude und die Geschichte seiner Heimatstadt und kam nach dieser sight-seeing-tour (wir riefen wieder Oh! und Ah!) tatsächlich vor dem Geschäft an.

Die eisernen Rolläden waren jedoch heruntergelassen.

»Ja, so ist das heutzutage. Hohe Kriminalität. Bei Franco gab's das nicht« seufzte unser Femdenführer. Hätte er nicht so spanisch geseufzt, dann hätten wir glatt gedacht, dass wir diesen Satz in Frankfurt, Leipzig, Paris, Lisboa, Rom doch irgendwie schon mal gehört hatten.

»Heute ist leider geschlossen.«

So ein Jammer! Es fiel uns leider erst jetzt und viel zu spät ein, dass ein Samstagnachmittag kurz nach dem Weihnachtsfest und nach Neujahr wohl nicht der günstigste und richtige Einkaufstermin für andalusische Tanzkleider ist. Der Rückzug verlief ziemlich kleinlaut und erstaunlicherweise äußerst kurz, denn das Geschäft befand sich in derselben Straße, nur ein paar Häuser von unserem Ausgangspunkt entfernt. Aber wären wir stracks die Paar Schritte gegangen, hätten wir doch nie so eine Stadtbesichtigung gehabt!

Wir haben an diesem Nachmittag noch viel gesehen und gefragt und gesucht mit der abschließenden Erkenntnis, dass es im Winter keine Flamenco-Kleider zu kaufen gibt, schon gar nicht am Samstag und schon gar nicht spät nachmittags.

Da kehrten wir also um und fuhren betrübt von Kurzvor-Sevilla über Huelva wieder nach Portugal zurück. Fazit: »Die Spanier sind ja ganz nett, aber Flamenco-Kleider kann man dort nicht kaufen. Bleibe in Portugal und nähre dich redlich.«

»Ach, lass uns noch einmal bei diesem Geschäft von heute morgen vorbeifahren und ins Schaufenster gucken, ob die überhaupt so ein Kleid haben, wie wir es suchen.« Im trauten Abenddämmerschein fuhren wir also noch einmal durch die bekannten Straßen und suchten den Laden auf.

Durch die Gitterstäbe des Schaufensters hindurch sah man tatsächlich Träume von wunderschönen Rüschenkleidern, hohe Kämme, Fächer, Kastagnetten…

»Wem gehört der Laden?« fragten wir die Nachbarin in einem Kiosk. »Wenn wir die Adresse hätten, könnten wir dem Besitzer vielleicht einmal schreiben und eine Bestellung schicken.« Die spanische Kiosk-Dame erklärte uns siebenmal, deutlich artikulierend, den Weg – wir verstanden jedes Wort – zum Haus des Ladeninhabers, den wir sogar antrafen.

Und dieser Ladeninhaber –

Man sollte es nicht für möglich halten…

Aber der Reihe nach.

Also, wir fragten in dem angegebenen Hause unten im Hausflur höflich nach dem Besitzer des Ladens. »Wohnt hier Señor Pepe?«

»Momentito«, rief jemand, dann erschien ein freundlich-gutmütiger Mann in grüner Lodenjacke und hörte sich unsere wohlgesetzte wortreiche Rede an, die wir trotz des Wissens vorbrachten, dass er kein Wort verstehen würde, weil Portugiesisch doch gar keine Sprache ist. »Also, ihr sucht's meine Frau«, fasste er in breitem Bayrisch unser Gestammel zusammen, »mit mir könnt's deutsch reden.« (Wir hätten es gleich merken sollen an der Lodenjacke:

Der nette Señor im bayrischen Trachtenjankerl hatte jahrelang beim Münchner Augustinerbräu gearbeitet und mochte die Deutschen und freute sich wahnsinnig über unseren Besuch.)

Es wurde ein rauschendes Happy-end:

Wir bekamen die Kleider. Ich sage ausdrücklich die Kleider, weil wir uns als chauvinistische Portugalfans nicht so recht entscheiden konnten, ob das grüne oder das rote Kleid schöner ist, und deswegen gleich sowohl das rote als auch das grüne Flamenco-Kleid nahmen, da das die portugiesischen Nationalfarben sind.

Also, wir kauften die Kleider.

Und wir feierten bei Aldi-Kaffee und im sehr großen Familien- und Freundeskreis (»Kommt alle herbei, wir haben Besuch aus Deutschland!«) mit netten spanischen Schwiegervätern und netten spanischen Nachbarn und herrlicher spanischer Sahnetorte das überaus freudige Ereignis unseres grenzüberschreitenden Besuchs.

Und um es noch einmal zu betonen: Wir portugiesisch sprechenden Deutschen verstanden jedes spanische Wort, die bayrischen Spanier verstanden jedes deutsche Wort, und die spanischen Spanier verstanden jedes portugiesische Wort, und bezahlt haben wir sowieso mit Euroschecks, mit E-u-r-o!

Und nun haben wir richtige Freunde in Spanien, die wir und die uns sehr mögen.

Wir fahren auch bald wieder hin und werden den Andalusierinnen bei ihren Tanzvorführungen zusehen. Inzwischen schreiben wir uns Briefe und schicken Fotos von den Kleidern, die uns so viele Freude und Freunde machten.

* * *

Hella kocht orientalisch

Auf den vier Kochplatten des Herdes im Pfarrhaus brodelte, brutzelte, dampfte, wallte und köchelte es, und herrliche Düfte umhüllten Hella, die rührend anzusehen war, wie sie in dem köstlich-festlichen Küchendurcheinander als ruhender Pol stand. Sie war sozusagen die treibende Kraft und, obwohl sie in vier Töpfen gleichzeitig rührte, ein ruhender Pol.

»Soll ich noch mehr Gewürz nehmen? Fehlt hier noch Salz? Schmeck doch mal, ob ich noch eine Knoblauchzehe nehmen soll? Also, das Chili-Pulver musst du selber hier hinzugeben. Und das Gelbwurzelpulver ebenfalls. Das kannst du am besten. Da weiß ich nicht, ob es zuviel oder zu wenig wird«, sagte ich.

Hella lachte und erzählte von der Mutter in der ägyptischen Großfamilie, die majestätisch und mit natürlicher Würde in der Küche saß und das Geschehen dirigierte. Die Bediensteten gehorchten dem leisesten Wink und arbeiteten fröhlich und emsig, um das große Festmahl zuzubereiten. Aber der Höhepunkt der Kocherei und Braterei war der Augenblick, wenn das Personal vor der alten Dame stand und die Speisen von ihr salzen ließ. Das tat nur sie. Das durfte nur sie. Das war ihr Privileg. Das Salzmonopol. Die heilige Handlung.

»Ich komme mir jetzt fast so vor wie die große alte Dame«, sagte Hella und gab noch eine Prise Salz und einen Hauch Pfeffer an den Salat. Dann wandte sie sich wieder ihren Töpfen zu. Rührend.

Ich war wirklich gerührt, wie ich sie da so stehen und

wirken sah, meine Schulfreundin Hella. Sie hatte sich damals als einzige um die neue Mitschülerin gekümmert, die als Umsiedlerin aus dem Flüchtlingslager gekommen war. Der Klassenlehrer versuchte täglich mit ätzenden Bemerkungen, den Fremdkörper loszuwerden. Die Klasse war überfüllt. Es gab keinen Platz mehr. Die Neue stand den ganzen Schulvormittag lang am Fensterbrett, wo sie auch ihre Arbeiten schrieb. Manchmal betete sie, dass eine Mitschülerin krank werden sollte, nur so ein bisschen, eine vorübergehende Übelkeit oder so, damit sie selbst auf deren Platz sitzen konnte. Wenn sie dann einmal auf einem richtigen Stuhl an einem richtigen Schülertisch saß, gab das erst recht Anlass zu diskriminierenden Äußerungen und Feindseligkeiten. Aber Hella hielt zu der Neuen, ging mit ihr gemeinsam morgens zur Schule und mittags zurück. Sie verstanden sich sehr gut.

Ja, wir verstanden uns sehr gut.

Nach vielen Jahren, die Hella größtenteils im Ausland verbracht hatte und in denen wir trotzdem immer voneinander wussten, trafen wir uns wieder und verstanden uns immer noch gut. Verstanden uns sogar noch besser.

»Kannst du kommen und mir helfen, den Weltgebetstag in der Gemeinde durchzuführen? Ich mache das hier zum ersten Mal, weißt du. Und da der Weltgebetstag in diesem Jahr in Indien vorbereitet wurde, fielst du mir sofort ein. Über Indien kannst du aus eigener Erfahrung so mitreißend erzählen. Über Sitten und Gebräuche und über die indische Küche... Wollen wir ein bisschen kochen? Safranreis mit Gemüse vielleicht und diesen indischen Kuchen... Hella, kommst du?«

Hella kam. Sie kam in einem türkisfarbenen Sari und barfuß in Sandalen – es war März. Und sie kam mit ihrer indischen Tochter Mona. Sie rückte in der Küche des Gemeindehauses die Töpfe zurecht und kochte indischen Tee mit Milch und Zimt, Kardamom, Nelken, Pfeffer und Ingwer. Sie kochte duftenden Reis und Hühnerfleisch und Gemüse und würzte mit Kräutern und exotischen Pulvern und Mischungen. Sie hielt die Predigt im Gottesdienst, erzählte von jenem fernen Land Indien, von seiner Schönheit und seinen Schwierigkeiten, vom Elend und von dem großen Reichtum. Sie zeigte den Frauen, wie man einen Sari wickelt, und verbreitete durch ihre Gespräche, Gesten und Kochkünste den Zauber des Orients.

»Hella, kannst du kommen und mir helfen?« Wie oft habe ich das wohl gerufen. Es war ja nicht nur die tatkräftige Unterstützung, die ich brauchte, sondern auch die verständnisvolle Sympathie, die mit-leiden-schaftliche Liebe für alle diese neuen sinnlichen Erfahrungen, die ich mit dem orientalischen Tanz und der orientalischen Küche gemacht hatte und mit Hella teilen konnte. Eigentlich nur mit ihr. Durch den Tanz und bei der Betreuung der Asylbewerber in unserer Gemeinde hatte sich mir eine Welt erschlossen, in der alle Sinne, nicht mehr nur mein Kopf und Verstand, angesprochen wurden. Riechen, schmecken, sehen, hören, fühlen – seit meinem Sprung »über alle Mauern hinweg« lebte ich ganzheitlicher, lebte ich mit wacheren Sinnen, mit allen meinen Sinnen. Aber manchmal brauchte ich eben Hella, die meine Begeisterung verstand und teilte.

»Kannst du mal kommen?« Sie kam. Sie kam trotz ihrer großen Familie und ihrer vielen ehrenamtlichen Nebentätigkeiten. Oft dachte ich, es stimmt, dass die Leute, die am meisten zu tun haben, am meisten Zeit haben.

»Hella, Hilfe! Kannst du kommen? Du musst kommen! Ich schaffe es nicht. Ich habe in der Projektwoche unserer Schule einen Kurs ›Orientalische Küche‹ angeboten. Und nun liege ich hier im Krankenhaus und bin am Ende. Mir ist so schlecht. Aber es ist doch wichtig, dass die Schüler in dem Kurs ein paar Erkenntnisse gewinnen. Wegen der Asylbewerber, die hier nur auf Ablehnung stoßen, weißt du. Ich wollte Sympathien werben. Naja, und weil doch die Liebe durch den Magen geht. Das überwindet Grenzen und Ängste. Das ist so wichtig. Das darf nicht ausfallen, verstehst du das, Hella, kommst du? Übernimmst du den Kurs? Bitte, komm.«

Sie kam und faszinierte die Schüler mit ihren Erzählungen und Kochkünsten. Sie berichtete von dem Leben in Afghanistan und holte alle ihre alten afghanischen Freunde mit ihrer Plauderei in die Küche. Sie verzauberte die Schüler mit Düften und Klängen aus dem Morgenland und weckte in ihnen die Begeisterung und Liebe für die fremdartige Welt und alle die liebenswerten Menschen. Die Schüler hockten in der Teepause am Boden und begriffen…

»Hella, kannst du kommen?« rief ich verzweifelt, wenn ich nicht mehr weiterwusste und wenn meine Kraft nicht mehr ausreichte. In den Jahren, in denen ich mit dem Krebs kämpfen musste, geschah das oft. Und Hella kam, obwohl sie gerade ihren Mann verloren hatte. Er ist an Krebs gestorben. Hella stand mit den vier Kindern alleine da. Die kleine Julia war erst in die Schule gekommen.

Hella kam sogar mit nach Ägypten. Ich wollte doch nach meiner Genesung (»Wenn ich hier noch einmal herauskomme, werde ich Bauchtänzerin«) die Reise nachholen, von der ich immer geträumt hatte. Während der Chemotherapie stellte ich mir diese geheimnisvolle ferne Welt des Orients vor, träumte von wunderbarer Musik und zauberhaften Tänzerinnen, träumte von Sonne und Sand… »Stellen Sie sich etwas Schönes vor«, sagten die Ärzte, wenn die apokalyptischen Plagen mich umzubringen drohten. Dann versuchte ich, alle diese heilen Bilder zu sehen:…Ich laufe durch den Sand… ich singe in einer Kathedrale… ich schwimme im Meer… ich tanze mit blauen Schleiern. .

Sultana bot für die Kursteilnehmerinnen »Orientalischer Tanz« eine Reise nach Ägypten an. »Hella, kommst du mit?« Da Sultana und Achmed total verliebt in die Millionenstadt Kairo waren und selig wie die Kinder durch das Land zogen, fiel es nicht weiter auf, dass wir noch verliebter waren. Die Gerüche, die Düfte, die Musik, der Staub, die Sonne, die Menschen, die Geschichte – ein Traum oder die Wirklichkeit? Was war eigentlich das Schönste an diesem Traum?

Als das Schiff von der Kaimauer losmachte und auf dem Nil entlangglitt, sahen wir hinaus auf das Wasser. Auf einer Insel aus Wasserhyazinthen stand ein Ibis – du weißer Vogel auf der himmelblauen Blüteninsel im Nil. ..

Und heute abend und hier in der Küche des Pfarrhauses wirkte Hella und rührte in den vielen Töpfen und gab Anweisungen zur Bereitung der Beilagen für unser orientalisches Mahl. Möhrenstifte schnippeln und Rosinen entstielen und Gewürze rösten und zermahlen und Knoblauch zerdrücken und kosten und probieren und umrühren: Es gibt, auf einer großen Platte angerichtet, Reis mit Möhren und Rosinen, Hähnchenfleisch, Joghurttunke mit Tomaten, Gurken, Zwiebeln und Kräutern, außerdem Auberginenmus mit Tahin, Avocadomus mit Knoblauch, Spinatgemüse, Fladenbrot. Und während die Gäste ins Gemeindehaus strömen und mit heißem Tee, der in kleinen wohlgeformten Gläsern glüht, bewirtet werden, rufe ich in die Küche: »Hella, kommst du?«

* * *

Marlis Leuchtertanz

Marli. Marli, das klingt schön. Ich hatte gedacht, das sei ihr Künstlername. Alle Tänzerinnen, die ich kennenlernte, legten sich zuerst einmal einen Künstlernamen zu, irgendetwas Orientalisches. Sie nannten sich Suleika und Tahia und Arabiana, und sie trugen ihren wundervollen Namen und ihre wunderschönen Kleider, wenn sie tanzten. Es funkelte und glitzerte und wehte nur so um sie herum.

Die erste Tänzerin, die ich überhaupt sah, war eine weiße Tüllwolke mit einem Namen, der allein schon ein Gedicht war. Das Gedicht tanzte bei einer ganz seriösen Feierlichkeit und wurde sehr bewundert, obwohl der Tanz – wie ich heute weiß – gar nichts Besonderes war. Nein, das war nur viel Tüll und weißer Wirbelwind, bei dessen Anblick ich heutzutage müde abwinken würde. Damals aber, ganz am Anfang meines neuen Lebens war ich völlig gebannt von den Drehungen und Schritten, vom Tüll und vom offenen Haar.

Aber dann begann ich selber zu tanzen. Ich erlernte die Grundbewegungen und lernte, kritischer zu beobachten und zu unterscheiden. Es gibt gar nicht den orientalischen Tanz, dem man nach einem Lehrbuch üben kann. Es gibt so viele Stile und Tanzarten. Jeder Tänzer tanzt, seinem Temperament entsprechend, wie nur er denkt und fühlt, und jede Tänzerin entwickelt ihren eigenen Tanz.

Da war Zahra, die Blume, die unnachahmlich mit allen Bauchmuskeln vibrieren konnte.

Da war Ishtar mit ihrer erotischen Ausstrahlung und ihrem ganz eigenen Stil und mit den herrlichsten Tricks im

Umgang mit dem Schleier.

Oft hatten wir auch »Gast-Dozenten«. Eine Lehrerin kam immer verschleiert zum Unterricht, damit ihre strengläubige Familie nicht zu sehr erzürnt wäre. Eine andere junge Ägypterin erzählte bei ihrem Unterricht viel von den Bräuchen und den Festen in ihrer Heimat.

Am meisten scheuchte uns ein ägyptischer Tanzlehrer, der auch ein phantastischer Trommler war. »Und eins und zwei und drei und vier… Ich habe schon als kleiner Junge von morgens bis abends getrommelt. Ich habe auf Konservendosen getrommelt und in der Sonne gesessen und davon geträumt, dass ich einmal in einem großen Orchester spiele und eine berühmte Tänzerin begleite. Und eins und zwei und drei und vier…« Er hatte wahrlich die Musik im Blut und tanzte uns die einzelnen Figuren vor, mit unheimlicher Kraft und Feurigkeit. Er drehte und schraubte sein Becken, als sei es durch elastische Gelenke mit dem Rückgrat verbunden und locker in jede Richtung zu bewegen. Er sah aus wie Adriano Celentano oder wie Fernandel in der Blüte seiner Jugend. Ich glaube, er bestand aus lauter Leben, Beweglichkeit und arabischer Musik. Er trommelte mit seinen braunen langen Fingern die schnellsten Trommelwirbel und feuerte uns an: »Und eins und zwei und drei und vier…, nein, nicht so, nicht so, schaut her, so geht es!« Und dann sprang er mit einem kräftigen Sprung in den Kreis und warf den Kopf zurück und streckte seine langen Arme mit den graziös gespreizten Fingern aus, wackelte mit dem Becken und verzwerbelte die Beine: »Und eins und zwei und drei und vier – und eins und zwei und drei und vier…! Meine kleine süße Tochter mit ihren Pampers kann das noch besser, sie ist erst 10 Monate alt, aber sie versteht es, mich total um den Finger zu wickeln, wenn sie so anmutig dahergewackelt kommt. Seht, so muss das aussehen! Und eins und zwei und drei und vier…« Nach einer Stunde bei diesem Lehrmeister waren wir wie gerädert und hatten den tollsten Muskelkater. Aber es war wunderbar, es war einfach wunderbar, sich so frei bewegen zu können und plötzlich Muskeln bewegen zu können, die man schon längst vergessen hatte und gar nicht mehr kannte.

Uhren, die stehengeblieben sind.

Blumen, die erfroren und erstarrt sind.

Porzellanpuppen, deren Spielwerk zerstört ist.

Schöne und begabte und auch seltsame Menschen waren es, die die Uhren wieder aufzogen, die Blumen wieder auftauen ließen und die steifen Porzellanfiguren in Bewegung setzten. Und natürlich war da vor allem meine Lehrerin Sultana, für die ich durchs Feuer gegangen wäre und die alle anderen in den Schatten stellte.

Doch dann kamen wieder die Jahre der stehengebliebenen Uhren, der erfrorenen Tränen, der verstummten Spielwerke. Wie habe ich gesucht. Wie habe ich mich angestrengt, die verlorengegangene Musik wiederzufinden, den Flügelschlag der vogelgleichen Hände wieder zu sehen, das Schwingen, Kreisen, Pendeln nicht zu vergessen.

So lange und so tote Zeit.

Schade.

Eines Tages hörte ich den Namen Marli. Marli gab Kurse an der Volkshochschule. Ich besuchte Marlis Kursus im Spiegelsaal eines Body-Building-Instituts. Marli tanzte: eine junge Frau, ein energisches junges Mädchen, eine Studentin. So viel Energie und Können bei einer so zierlichen und zugleich kraftvollen Tänzerin hatte ich noch nie gesehen! Sie brauchte weder einen klangvollen Künstlernamen noch ein glitzerndes Kostüm mit viel Tüll. Sie tanzte in ihrem schlichten Sportanzug, um die Hüften das obligatorische Tuch gebunden, und alle schauten sie bewundernd an und applaudierten.

Dass ich sie gefunden habe. Dass ich ihr begegnet bin.

Sie heißt nicht Marli. Sie hat keinen Künstlernamen. Sie heißt ganz einfach Marlis. Ganz deutsch und ohne Arabeske: Marlis. Sie braucht keinen tollen klingenden Namen. Sie braucht keinen Flitterkram. Wenn sie sich bewegt, ist alles voll Sternengeglitzer und Musik.

Ihr erstes Geschenk war, daß sie mir ihre Lehrerin vorstellte. Ihr nächstes Geschenk war eine energische Kritik, die mir sehr geholfen hat. Sie sagte so frisch und frei heraus und ehrlich und ebenfalls ohne blumige Umschreibung brüskierende Dinge: »Man muss genau das tun, was man für richtig hält, nicht das, was den anderen gefallen könnte. Also, tu das, was dir gut erscheint.« Sie beobachtete scharf und lernte schnell und konnte stunden-, ja tagelang einen bestimmten Kick üben. Und wenn sie ihn dann vortrug, dann sah das wundervoll aus, dann war es wundervoll, dann war es perfekt.

Für unseren ersten großen Abend hatte sie sich eine Überraschung ausgedacht. Als das Fest seinen Höhepunkt erreichte, wurde das Licht im Saal gedämpft, eine mitreißende Musik erklang, und Marlis trat auf. Sie balancierte einen Leuchter mit brennenden Kerzen auf ihrem Kopf und tanzte mit unnachahmlich stolzer Haltung einen sehr temperamentvollen Tanz. Ein ganz enges weißes Kleid und ein um die Hüften flatterndes Tuch betonten alle ihre Bewegungen, bei denen die Kerzen niemals gefährdet waren. Man mochte wohl an die schwedischen Lucia-Lichtermädchen und ihre anmutige Erscheinung erinnert werden, auch die Leuchtertänze, die ich früher schon gesehen hatte, fielen mir ein, aber die Darbietung von Marlis war mehr als Anmut und Lieblichkeit und gekonnte Bewegungsvariation. Sie tanzte:

»Du kannst mit einem Herzen voll Liebe bescheiden ein Licht anzünden. Du kannst deine Lampe brennen lassen, du kannst eine Kerze zum Altar bringen... Wunderbare

Gesten sind das. Aber wenn dein Herz überströmt vor Liebe, wenn du in Flammen stehst, wenn du brennst, dann tanze mit einem brennenden Leuchter auf dem Kopf, dann tanze und neige dich und gib dein Bestes, Maria Magdalena. Und alle werden sagen: Wozu dient dieser Unrat? Hör nicht hin. Tanz weiter, denn er versteht dich, der Herr des Tanzes.«

Das las ich in dem Leuchtertanz. Das erzählten mir die Lichter. Das sagten die Bewegungen. Als sie geendet hatte, las ich das schöne Gedicht, das ein anonymer arabischer Dichter über eine Tänzerin geschrieben hat:

»In deinen Hüften wiegen sich die Sterne der Welt.
Das Herz der Welt beginnt wieder zu schlagen.
Dein Tanz und ich, der Himmel, die Sonne,
der Mond und der Wind,
Das Meer, die Erde, die Blumen, die Propheten –
Wir alle sind eins geworden.
Jedesmal, wenn deine Hüften schwingen,
Verlängert sich mein Leben um 1000 Jahre.
Tanze und drehe dich – «

»Dieses Gedicht habe ich in dem Buch Ihrer Frau gefunden«, sagte ich zu Herrn Burhan. »Es sind wunderbare Worte, die dieser unbekannte Dichter gefunden hat, Worte wie die Blütenblätter des Jasmin, sie scheinen mir zu passen für den vollkommenen Tanz, den Marlis uns vorführte, diesen Leuchtertanz als Krönung und Glanzpunkt. Solche Worte müsste man finden. Es ist ein wunderschönes Gedicht. Wer mag das gedichtet haben…«

»Ich selbst habe es geschrieben«, sagte Herr Burhan.

Und er schrieb unter das Gedicht in meinem Buch eine Widmung und seinen Namen. Ich fühlte mich an diesem Abend überreich beschenkt.

* * *

Lena, liebe Lena

»Kann ich da wohl mitten in der Nacht anrufen? Ist das nicht ganz unmöglich? Ich weiß nicht einmal die Nummer… Ich habe da noch nie angerufen. Soll ich es wagen? Meinst du, ich könnte es mal versuchen? Ich muss… ich muss da jetzt anrufen!«

»Freunde kann man immer anrufen, auch mitten in der Nacht.«

Ja, Freunde kann man immer anrufen, auch mitten in der Nacht.

Und Nacht war es inzwischen geworden, nicht nur wegen der vorgerückten Zeit, nicht nur wegen der herrschenden Dunkelheit, sondern wegen der Angst in meinem Herzen, als ich die leise Stimme auf dem Anrufbeantworter gehört hatte. Ich habe sofort ihre Stimme erkannt, obwohl es kaum noch eine Stimme war, es war nur so gehaucht, so leise. Aber es war Lena.

»Hast du den Anruf verstanden? Wer war das? Es war kaum zu hören…«

»Ja, das war Lena.« Lena, meine späte Liebe, meine spät entdeckte Freundin. Ich hatte sie – nein, sie hatte mich gefunden, als wir schon gar nicht mehr mit menschlichen Kontakten gerechnet hatten, als wir uns an die Ablehnung, Isolation und Abschottung der Mitmenschen schon fast gewöhnt hatten, nein, nicht gewöhnt, doch achselzuckend und resignierend lebten wir damit. Aber andererseits hatten wir schon früher am Strand beim Muschelsuchen gelernt, dass man eine besonders kostbare Muschel meistens gerade dann findet, wenn man nicht krampfhaft danach sucht.

Wenn wir die Sucherei aufgegeben hatten und nur noch so am Wasser entlang schlenderten, dann lag da plötzlich ein so wunderschönes, vollkommenes Exemplar, dass man sprachlos vor Staunen war und sich unverdient beschenkt vorkam. So war es mit Lena gewesen.

Wir hatten in Eliškas Tanzstudio auf dem Boden gesessen und uns einen Vortrag über Tanztherapie angehört. Eliška hatte in einem dunkeltürkisfarbenen Gewand mit weißen Schleiern getanzt und sich dann in die Mitte des Kreises gesetzt und mit den Frauen geredet. Sie waren alle völlig verzaubert von der Atmosphäre des Raumes, von der Schönheit und Anmut der Bewegungen und von der Ausstrahlung der zierlichen Tänzerin.

Ich hockte dazwischen, noch etwas atemlos, weil ich viel zu spät gekommen war. Die Umleitungen und Irrwege waren zahlreich gewesen, und je später es wurde, desto orientierungsloser fuhr ich durch die Straßen. Warum fuhr ich überhaupt zu diesem Vortrag? Warum in aller Welt wollte ich eigentlich dahin? Ich hatte mich weder angemeldet, noch mit irgend jemand verabredet. Ich hatte einfach das Gefühl gehabt, dass ich zu diesem Vortrag fahren sollte. Und ich sauste wie gehetzt über die Autobahn und durch die verkehrsreiche Innenstadt und suchte und suchte… Blind und verzweifelt. In allerletzter Sekunde hatte ich das Studio wiedergefunden, hatte das Auto abstellen können und war durch den Eingang gelaufen und – irgend eine Frau öffnete aus Versehen und »rein zufällig« die Tür des längst geschlossenen Studios von innen: »Nein, hier ist alles überfüllt,… Sie können nicht mehr hinein,… geschlossene Gesellschaft!« – aber da war ich schon hineingehuscht, einige Frauen rückten zusammen und machten Platz, und ich sah keuchend und außer Atem und hingerissen zu, wie Eliška tanzte.

Nun, bei der anschließenden Diskussion hörte ich mich

plötzlich längere Ausführungen über die heilenden Kräfte des Tanzes machen, unterstützte Eliškas Erklärungen und zitierte biblische Geschichten und Psalmen, um die kulturhistorischen Zusammenhänge zu erläutern. Die Tänzerin griff die Hinweise begeistert auf, und »wir warfen uns die Bälle zu«. Dabei erzählte ich ausführlich die Geschichte der Mirjam, vom Durchzug durchs Rote Meer, von der Errettung des Volkes Israel und vom Reigentanz der Frauen. Und während ich sprach, dachte ich: »Wie merkwürdig, was ich da alles sage... Das passt hier gar nicht hin. Warum sage ich das alles? Wo kommen denn all diese Worte her?« Ich sagte, dass Jesus der Herr des Tanzes ist, dass er retten kann und gesund machen kann, dass er der Heiland ist und dass die menschliche Seele leidenschaftlich für ihn und zu seinem Lobe und mit ihm zusammen tanzen kann.

Aber das passte wirklich nicht in diesen Kreis der vielen gebildeten und klugen Frauen, die sich über alternative Heilmethoden informieren wollten und die unterschiedlichsten Vorträge über Bachblüten- und Farben- und Bewegungs- und Musiktherapien anhörten. Ja, warum musste ich das sagen? Warum nannte ich den Namen Jesus Christus und lobte Gott, den Schöpfer, meinen persönlichen Gott und Vater? Nicht, dass ich mir toll und mutig und bekennerhaft vorkam. Nein. Ich schämte mich auch nicht. Ich hörte mir nur selbst etwas verwundert zu und dachte: »Es passt hier irgendwie nicht hin, was du da sagst. Warum sagst du das alles?«

Und dann sprach eine der Zuhörerinnen mich plötzlich an. Sie saß in dem großen Kreis mir gegenüber und weinte. »Entschuldigen Sie bitte, dass ich weinen muss. Ich weine nicht aus Kummer oder weil meine Krankheit mir Schmerzen macht. Ich weine vor Glück. Ich weine vor Glück, dass es so etwas gibt. Ich bin hierher gekommen, um einen heilenden Weg zu finden, der mir hilft. Und ich bin so glücklich.«

Ich strahlte sie an, obwohl ich gar nichts verstand. Was bedeutete dieser Satz: Ich bin glücklich, dass es so etwas gibt? Was meinte sie mit »so etwas«? Das begriff ich nicht, aber ich freute mich über diese aparte Frau, die mich an eine befreundete Malerin erinnerte: die kurz geschnittenen grauen Haare, die feinen Gesichtszüge, die geschmackvolle Kleidung.

»Ich habe Ihre Bücher gelesen«, sagte sie hinterher. »Meine Schwester hat sie mir zugeschickt. Ich freue mich, dass ich Sie heute getroffen habe.« Ich begriff leider immer noch nicht, von wie tiefer Bedeutung das alles war, was da gesprochen wurde und was sich da ereignete. Ich habe es erst sehr viel später erfahren...

»Kommen Sie mal wieder zu Eliškas Kursen?« fragte ich. »Wir könnten dann doch weiter reden.« Sie zögerte ein wenig, aber dann verabredeten wir uns für einen Abend, an dem die »Fortgeschrittenen« übten.

Als wir uns dann wiedersahen, gingen wir mit traumwandlerischer Sicherheit und großer Vertrautheit aufeinander zu, und da sich alle in der Gruppe mit Du anredeten, fand ich das auch ganz selbstverständlich. »Hier nimm einmal diesen blauen Schleier und breite die Arme aus, dann bist du ein Schmetterling!« Aber sie sagte hinterher, es habe sie doch sehr angestrengt, es sei halt alles sehr ungewohnt. Sie sagte nicht, dass sie krank sei. Und ich begriff nichts. Ich ahnte nicht, dass sie Krebs hatte. Ich gab ihr meine Adresse und versicherte ihr, dass ich immer für sie zu sprechen sei und dass ich so dankbar sei, dass da mal ein Mensch einen Schritt auf mich zu gemacht habe, was heißt ein Mensch, eben sie, Lena.

Ich wusste nicht mehr als ihren Vornamen. Lena. Und ich habe nichts gefragt. Nicht nach ihrem Familiennamen, nicht nach ihrer Adresse, nicht nach ihrem Alter, nicht nach ihrem Beruf, schon gar nicht nach den Kindern oder dem Gatten. Ich habe wie Parzival bei Amfortas auch die Frage nach ihrer Krankheit nicht gestellt. Die Mitleidsfrage. Aus Höflichkeit? Aus Schüchternheit? Aus Angst vor Enttäuschung, weil wir hier jahrelang wie Aussätzige behandelt wurden? Möglicherweise aber einfach so. Einfach aus lauter Unbefangenheit und Fröhlichkeit, weil da so eine nette Freundin aufgetaucht war. Es genügte, dass es sie gab und dass sie da war und Lena hieß.

So hatte es angefangen.

Jetzt war ich nach einer längeren Reise zurückgekehrt. Es war sehr spät geworden. Mein Mann hatte den Anrufbeantworter abgehört, und da war ihre Stimme gewesen: »Komm bitte, ich brauche dich.« Das hatte Lena gesagt. Und das hatte in diesen letzten Jahren noch nie jemand gesagt. Weder zu meinem Mann noch zu mir. Deshalb zitterte ich und weinte ich und sagte: »Ich fahre sofort hin. Sie braucht mich. Zum ersten Mal braucht mich ein Mensch, verstehst du. Ich muss hin.«

»Es ist mitten in der Nacht. Ruf wenigstens vorher an.«

Da stand ich nun also und überlegte, ob ich mitten in der Nacht anrufen darf. Aber es war doch eine besondere Stunde, das musste jeder einsehen. Lena brauchte mich. Sie würde es doch nicht sagen, wenn es nicht dringend nötig wäre. Sie hatte immer gesagt: »Mach dir keine Sorgen. Mir geht es gut. Du brauchst dich nicht um mich zu kümmern, es ist alles gut. Ich werde mich melden, wenn du kommen sollst.«

Nun hatte sie sich gemeldet. Ich wollte sofort hin.

Ich suchte weinend und aufgeregt die Telefonnummer heraus. Niemals hatte ich mich darum gekümmert, weil Lena gemeint hatte, sie mag keine Telefonanrufe. Ich wusste auch nicht genau, wo sie überhaupt wohnte und wo diese Straße lag, in die ich meine vielen Briefe schickte.

Es meldete sich eine Stimmte, eine männliche Stimme, die ich nicht kannte, und ich entschuldigte mich stotternd wegen der Störung und der unmöglichen Nachtzeit und wegen meines Anliegens, es war ja wirklich peinlich, wie sollte ich denn das nun bloß erklären… »Ich muss sofort zu Lena, sie hat mich angerufen, verstehen Sie bitte.«

Die Stimme vertröstete mich auf morgen, dann wolle man mich anrufen und weiteres besprechen. In diesen Nachtstunden habe ich wach gelegen und an Lena gedacht und auf das Telefonläuten gewartet.

Wir hatten uns wunderbare Briefe geschrieben. Je weiter wir voneinander entfernt waren, desto ehrlicher und offener erzählten wir uns, was wir erlebten, was wir vom Leben erträumten, von Parallelen in unserer Biographie, von seltsamen Mitmenschen und vom Sinn des Lebens. Aber am meisten von Gottes Liebe.

Lena war in eine Klinik gegangen, und ich war für lange Zeit nach Portugal gereist. Zwischen uns lagen mehr als 3000 Kilometer. Aber die Briefe flogen so schnell und pünktlich hin und her, als sei da gar keine große Entfernung zwischen der Klinik in den Bergen und meinem portugiesischen Feriendorf. »Correio!« rief der Postbote und legte mir die Briefe mit der sorgfältigen zärtlichen Schrift hin, und jedesmal musste ich über ihn lächeln, weil er aussah, als wisse er genau, was sie mir bedeuteten, diese Briefe von Lena.

Wie man Gott findet, wie man ihn sucht, ob er jeden Menschen liebt, ob er uns Menschen entgegen kommt, ob man ihm ausweichen kann, ob er ein zorniger, strafender Gott oder ein liebender, verzeihender Gott ist, ob Krankheiten Strafe sind oder der Schlüssel für wichtige Erkenntnisse, das schrieben wir uns. Wir fragten und antworteten. Über Krebs redeten wir nie. Den hatten wir. Und ich packte die Sonne und den Duft der Pinien und Rosen in die Briefe an meine Freundin Lena und bekam ihre Sonne und getrocknete Pflanzen und wunderschön geschriebene Worte wieder. Vielleicht hat gerade die Trennung und die ungestörte Welt, in der wir uns in diesen Klinik- und Ferienwochen befanden, unsere Herzen so geöffnet.

Denn als jede wieder zu Haus war, war auch die Distanziertheit und Fremdheit wieder zu spüren. Lena sagte, sie möge keine Telefonanrufe und keine Besuche, ich solle mir keine Sorgen machen, es gehe ihr gut, sie werde sich schon melden, wenn sie mich brauche.

Lena, liebe Lena.

Ich habe so gewartet, aber das Telefon klingelte nicht.

Es klingelte nie.

Und es klingelte auch nicht an dem Morgen nach dieser durchwachten Nacht, in der ich an Lena dachte, in der ich so gerne zu ihr gegangen wäre, in der sie mir so nahe war wie niemals zuvor.

Später am Vormittag, als ich noch immer wartete, meldete sich die Schwester von Lena und sagte, dass Lena in dieser Nacht gestorben sei.

Danach habe ich nichts mehr gehört.

Mir war, als sei wie bei einer Uhr in meinem Laufwerk eine Feder gesprungen, ein Rädchen zerstört. Es funktionierte alles wie früher, man sah äußerlich keinen Schaden, und doch war alles in Frage gestellt. Ich schlug mich mit der Schuld herum, dass ich zu spät gekommen war, zu wenig Liebe gegeben hatte, dass ich so naiv und ahnungslos die kostbaren wenigen Monate nicht genug ausgenutzt hatte.

Jetzt fange ich langsam an zu begreifen, warum ich damals zu diesem Vortrag gehen musste, warum ich so ungewöhnliche Themen in die Diskussion hineinbringen musste, warum Lena damals weinte »vor Glück, dass es so etwas gibt«.

Da war eine Schwester gewesen, die gebetet hatte, dass Lena einen Menschen findet, mit dem sie über Gott reden kann, mit dem sie über diese Krebskrankheit reden kann, einen Menschen, dem sie vertraut, der sie versteht, der sie gern hat.

Und langsam sehe ich ein, dass ich wie Parzival ein tumber Tor gewesen bin, der durch die Welt stolpert und nichts begriff. Und ich könnte schreien. Aber davon kommt Lena auch nicht wieder.

Lena, liebe Lena.

* * *

Gartenbuch, Traumbuch, Seelenbuch

Mir war es gar nicht recht, dass wir bei der Autobahnausfahrt abbogen und in das kleine Städtchen fuhren, das so hübsch zwischen den Hügeln und Wäldern lag. Fachwerkbauten, ein historischer Marktplatz, Brunnen, viele Blumen.

»Und wie wollen wir sie jetzt finden?« fragte ich.

»Na, zum Beispiel anrufen«, sagte der Abbieger, der es auf allen Reisen bedauert, dass er »immer« an Kirchen, Kathedralen, Schlössern und anderen Schauplätzen der Geschichte vorüberfahren muss. Was könnte man alles erleben! Aber diesmal hatte er's geschafft und – rutsch! – die Autobahn verlassen. »Wir rufen jetzt an. Wir stehen nämlich genau vor einer Telefonzelle.«

So riefen wir in den frühen Nachmittagsstunden bei Ingrid an. Ingrid war eine Brieffreundin, von der ich seit jenem spektakulären Auftritt in einer Talkshow wunderschöne Briefe bekam. Die Postbotin wagte kaum, die kleinen Kunstwerke wie andere alltägliche Briefe in den Kasten zu stecken und hielt sie ganz ehrfürchtig bis zur persönlichen Übergabe in der Hand. Sie waren aber auch zu schade für einen maschinellen, gewalttätigen Stempelaufdruck, lieblosen Knick und anschließenden Wurf in den Hausbriefkasten. Die Briefe kamen mir vor wie Seiten aus Ingrids Seele. Sie kamen wie Brieftauben angeflattert und erzählten wunderschöne Dinge.

Ich hatte damals bei diesem Fernsehauftritt von Barlachs »Schwebendem« gesprochen, und das war der Anknüpfungspunkt für unsere Freundschaft. In Ingrids erstem

Brief, dessen Schriftzüge wie gemalt aussahen, war auch ein Foto von ihr, das ich lange betrachtete. Ich dachte, manchmal sind Menschen wie ein schönes Buch mit Bildern. Wie ein Gartenbuch oder ein Traumbuch. Bücher mit Bildern, die uns verzaubern und herausheben, an die Hand nehmen und entführen. Ich ließ mich gerne entführen.

Da war das Kapitel mit dem Garten und den Fotos von Pflanzen, Blättern, Wassertropfen. Eine verträumte Bank, gefärbtes Weinlaub, eine Katze in der Sonne, ein Keramiktopf mit Sommerblumen, ein bizarrer Zweig, Wasserpflanzen am Teich, gläserne Kugeln wie duchsichtige Seifenblasen – es ist etwas Wunderbares, Gartenbücher mit vielen Abbildungen anzusehen. Man fängt an, in fremden Parks und verwunschenen Gärten herumzuspazieren, setzt sich auf Brunnenränder, entdeckt Blumen und Kräuter, erfreut sich an bedachtsam dekorierten Gegenständen, an Farben und Harmonien. So war es, wenn Ingrid schrieb.

Dann gab es bei ihr ein Kapitel über den Schulunterricht. Da saß ich mit in den Klassen und sah die Kinder vor mir und hörte der Erzählenden zu und fand ihre Sprache mit dem fränkischen Akzent so liebenswürdig. Die Schulkinder, angeregt durch die Lehrerin, malten und schrieben und bastelten und redeten. Das war so viel Leben, so viel Lebenssinn. Nur zu gerne verweilte ich in diesem Kapitel, wenn Ingrid in ihren Briefen davon schrieb.

Dann kam ein ganz phantasievoller Abschnitt, und ich mochte gar nicht aufhören, die Bilder zu betrachten. Das war das Kapitel mit den Marionetten. Ein trauriger Bajazzo, My Fair Lady, ein dunkelhäutiger Prinz, ein indischer Fürst, eine elegante Dame, ein rothaariger Waldgeist, Pierrot, ein blondgelockter Geigenspieler, Prinzessin Turandot, ein feuriger Zigeuner mit einer Panflöte – Gestalten aus Tausendundeiner Nacht, aus Mozart-Opern und Musicals, eine heitere Welt der Träume, die Ingrid geschaffen hatte.

Dann das Reisekapitel. Von der Reise in das ferne Indien erzählten die Briefe. Ich wanderte mit durch die Hügellandschaft, wo der Tee angebaut wird, sah die schneebedeckten Berge, bewunderte die sanften Menschen, fühlte die kostbaren Seidenstoffe, freute mich, weinte vor Rührung und Ergriffenheit. »Ist euch denn nie etwas Schlimmes, Böses passiert? Enttäuschungen, Nepp, Bauernfängerei, Diebstahl…?« Nein, das kam nicht vor. Es gibt Menschen, die so liebevoll sind, dass sie die Welt verwandeln, wo immer sie sind.

Reiseberichte, Beschreibungen von Bäumen, Erzählungen von Menschen, von Tieren, von Sorgen über Krankheit und Gefährdung und Frohmachendes über Rettung und Heilung.

Die Briefe waren das Buch einer Seele, und ich durfte die Seiten dieses Buches umblättern und darin spazierengehen und mitträumen. Aber gesehen hatte ich die Frau noch nicht, die mir so wunderschöne Briefe schickte. Und es war mir auch nicht recht, so einfach hinzufahren und unangemeldet vor ihrem Haus zu stehen. Trotzdem rief ich an, und Ingrid sagte: »Bleibt da auf dem Marktplatz stehen. Ich bin in ein paar Sekunden da und hole Euch ab.«

An diesem Nachmittag blätterte ich in dem Buch weiter. Seite für Seite. Die Bilder. Ich blätterte und staunte. Ich bin nicht ans Ende gekommen…

Ingrids Mutter, sehr lebendig, fröhlich, mit vielen Geschichten aus einem Lehrerleben in Franken.

Der Sohn mit den schönen dunklen Augen, mit so vielen Begabungen und Interessen und Fähigkeiten.

Die Tochter, voll Temperament und Jugend.

Die Familie.

Später lernten wir den aktiven, positiven, charmanten Hausherrn kennen.

Die weißen Christrosen am Haus. Die Katze. Die anheimelnde Wohnung. Die vielen Puppen aus aller Welt. Die vielen Spuren von Zuneigung und Gastfreundschaft. Hier durften sich Fremde wie zu Hause fühlen. Indien. Blühende Orchideen. Ein seidener Sari. Und dann, o Wunder über Wunder, eine Miniaturgemäldesammlung, lauter wundersame Gemälde und Bilder auf Eiern. Die erstaunlichsten Kunstrichtungen und Handwerklichkeiten auf Hühner-, Gänse-, Straußeneiern. Ich kam gar nicht mehr aus dem Staunen heraus: »Da brauche ich ja Wochen, um alles zu betrachten.«

Und ich dachte, wenn ich Ingrid ansah, dass sie »seelenvolle« Augen hat, Augen, die den Reichtum einer Seele widerspiegeln.

Ich bin ganz still und blätterte die Seiten um und schaue die Bilder eines Buches an, das man nie »auslesen« wird.

* * *

Als die Liebe wiederkam

Verloren stand ich im Empfangsraum der Nachsorgeklinik herum. Ich fand mich in dem alten, verbauten Haus, einem labyrinthischen Gebäude, nicht zurecht. Ich fand mich nach meinem langen Krankenhausaufenthalt in der Welt nicht mehr zurecht. Auch in meinem eigenen Leben fand ich mich nicht mehr zurecht. »Wo geht es zum Sprechzimmer des Stationsarztes?« hätte ich fragen müssen. Aber weit und breit war kein Mensch zu sehen. Es herrschte Mittagsruhe. Diese bleierne Mittagsstille, die voller Küchengerüche ist.

Ich war froh, dass niemand da war. Ich hatte keinen Mut, jemanden anzusprechen. Ich hatte Angst vor Menschen, scheute jeden Kontakt und fürchtete mich vor Nähe und vor Berührungen. Lieber stieg ich im Treppenhaus die vielen Stiegen hinauf oder hinunter, als mit anderen Menschen in einem engen Fahrstuhl zu stehen. Ich ekelte mich vor Gerüchen und Dünsten. Vor der Nähe anderer Menschen. Vor ihren Berührungen. Vor chemischen Gerüchen. Sprays. Parfüms. Vor dem Atem anderer Menschen.

Zum fünften Mal war ich in einer Krebs-Nachsorgeklinik.

Fremd, unbekannt, verloren. Desorientiert.

Ein Arzt kam den Gang entlang. Während des Gehens studierte er die Papiere, die er in der Hand hielt. Er stockte, blieb stehen, blätterte in den Zetteln und schaute nicht auf, obwohl er mich bemerkt zu haben schien. »Guten Tag«, sagte er, ohne den Blick von den Blättern zu heben.

Ich zuckte zusammen, ich fühlte, wie die Abwehr in mir wuchs, aber ich antwortete höflich: »Guten Tag.« Und der Arzt, immer noch aufmerksam seine Papiere betrachtend, fragte leichthin: »Kann ich Ihnen helfen?«

»Wo ist das Sprechzimmer des Stationsarztes?« fragte ich unsicher. »Ich soll zur Sprechstunde kommen.«

»Ach, da muss ich auch gerade hin. Folgen Sie mir einfach!« sagte der Arzt und stürmte los. Er ging mit schnellen Schritten voran, wedelte mit den Unterlagen, und sein weißer Kittel, der nicht zugeknöpft war, flatterte wie Flügel hinter ihm her. Ich hatte Mühe, ihm zu folgen. Wir eilten durch eine große Halle, an hellen Fenstern vorbei, um eine Ecke herum, noch eine Ecke, einen Gang hinunter. Allein hätte ich den Weg bestimmt nicht gefunden. Aber dass ich so ohne Zögern und Misstrauen hinter dem Mann herging, wunderte mich doch ein wenig.

»Seltsam«, dachte ich, »wo kommt plötzlich dieses Vertrauen her? Ich scheine dem da vor mir zu glauben, dass er den richtigen Weg geht und mich nicht in die Irre führt. Wirklich seltsam, dass mich dieser Mensch nicht aggressiv macht, wie es sonst immer geschieht. Ich mag keine Ärzte mehr. Sie sind ein rotes Tuch für mich. Der weiße Kittel als rotes Tuch. Das ist ja paradox. Aber nein… Ich mag nicht mehr… Ich will nicht… Ich mag keine Leute, die mir zeigen, wo es langgeht.«

Aber hier war irgendetwas anders. Es war irgendetwas Vertrautes, Bekanntes an seinem Gehen. Es war sein Gang. Ja, jetzt wusste ich es, es war sein Gang. Wer ging so wie dieser Mann vor mir? Woher kannte ich diesen schweren Schritt? Woher war mir dieser wiegende Gang bekannt?

Ach ja, das war es. Ich wusste es wieder. Ich sah ihn:

Mein Großvater ging so, mein pommerscher Großvater, wenn er über das Feld schritt. Das war so ein wiegender Gang, wie bei einem Landmann, der Korn oder Sämereien ausstreut und schweren Schrittes über die Felder geht. Ach, der Großvater… Eigenartig, dass der Großvater da vor mir hergeht. Bei ihm fühlte ich mich immer so geborgen.

Ich ging schneller und stand vor der Tür des Sprechzimmers. »So, da wären wir«, sagte der Arzt. »Danke«, sagte ich und blickte schnell auf das Namensschild, das vorne am Kittel befestigt war. »Dr. Martin«, registrierte ich. Aber das Gesicht sah ich nicht an, wollte ich nicht sehen, traute ich mich nicht anzusehen und hatte es auch schon vergessen.

Nur den Gang vergaß ich nicht. Ich hob den Kopf, wenn ich unter den hin und her eilenden Menschen diesen vertrauten wiegenden Schritt wahrnahm, diesen schweren, erdverbundenen Gang, wie ihn der Großvater besaß, wenn er mit mir über die Felder schritt. Manchmal fühlte ich mich stark und geheimnisvoll angezogen, hingezogen zu dem großväterlich-gehenden Menschen, der da über die Flure der Klinik wanderte, und ich wunderte mich jedesmal wieder, dass das Vertrauen in diesen einen Menschen, von dem ich eigentlich nur den Rücken kannte, anhielt. Ich wunderte mich über mich selbst, dass ich mich, wenn ich den flatternden Kittel wehen sah und die schaukelnd-schreitende Bewegung in der Ferne spürte, nicht in mein Schneckenhaus verkroch und »totstellte« wie sonst, sondern wie eine Schnecke die Fühler hervorstreckte.

Wie mochte der Mensch mit diesem vertrauten Gang eigentlich aussehen? Ob es sonst noch Ähnlichkeiten mit meinem Großvater gab? Vielleicht hatte der Arzt dieselben Augen, Gesichtszüge, Gesten. Zugegeben, ich dachte oft über ihn nach.

In der Klinik galt ich als schwierig und kompliziert, weil ich störrisch und stumm bei den Ärzten saß und nur widerwillig an einigen Unternehmungen teilnahm. Aber ich begann auf einmal ganz vorsichtig und zaghaft ein wenig Interesse zu zeigen. Wenn ich bei den Anwendungen mit anderen Kurgästen vor den Behandlungsräumen saß und warten musste, stellte ich schon einmal schüchtern eine Frage oder lächelte über die Gespräche und Bemerkungen der anderen Patienten. Dieses veränderte Verhalten war jedoch nur auf meine leise erwachte Neugier zurückzuführen. Ich war neugierig zu erfahren, wie der Mensch, der so ging wie einer meiner Verwandten, wohl aussähe. Und Gespräche führte ich nur mit den Patienten, von denen ich vermutete, dass ihr behandelnder Arzt der bewusste Dr. Martin sein könnte. Ich wollte gerne mehr über ihn erfahren.

»Mich interessiert ein Mensch«, dachte ich erstaunt. »Zum ersten Mal interessiert mich wieder ein Mensch.« Lange Zeit hatte ich in völliger Isolation gelebt, hatte mich zurückgezogen und alle Kontakte abgebrochen. »Ich wünsche keinen Besuch, ich will niemanden sehen, lasst mich allein!« sagte ich schroff. Meine älteren Kinder nahmen dies Ablehnung zwar gehorsam zur Kenntnis, hielten sich aber nicht daran. Die Kleinen ignorierten meinen Wunsch von vornherein, und eigentlich war ich dann auch glücklich, wenn sie mich »trotzdem« im Krankenhaus besuchten und so unbefangen und natürlich mit mir umgingen, als sei ich gar nicht krank. Mein Mann ertrug nach allen anderen schweren Begleiterscheinungen, die die Krebserkrankung mit sich brachte, diese Zurückweisung ebenfalls geduldig und vergrub sich in seine Arbeit. Es würde sicher eines Tages wieder so werden wie früher.

»Ich kann nicht,... ich ertrage keinen Menschen,... ich will nicht mehr,... habt Geduld«, sagte ich und litt selbst am meisten.

Einmal sah ich den flatternden Kittel auf einem der Flure. Da lief ich, so schnell ich konnte, hinterher und wollte den Arzt anhalten und begrüßen. Er bog um die Ecke, ich folgte eilig, er trat in den wartenden Fahrstuhl, ich hinterher, die Türe schloß sich, da war ich in der Falle. Im Fahrstuhl standen schon sechs Personen und verbreiteten missmutige Stimmung. Eine brasilianische Austauschschülerin, die uns ihre Eindrücke über Deutschland mitteilte, meinte einmal, in diesem Land sehen die Leute alle so aus, als seien sie durch die Prüfung gefallen. Die Leute im Fahrstuhl waren bestimmt alle durch die Prüfung gefallen. Keiner redete. Der Arzt hatte sich gerade noch so in den Lift hineingedrängt und trat nun einen Schritt vor, um mir Platz zu machen. Wieder stand er mit dem Rücken zu mir. Ich sah nichts als den weißen Kittel vor mir. Voller Entsetzen stellte ich fest, dass ich zum ersten Mal seit langem in einen Fahrstuhl gestiegen war, der zudem noch überfüllt war. Ich fühlte schon, wie sich meine Nackenhaare aufrichteten, wie der Schweiß ausbrach, wie ich nasse Hände bekam, wie eine grauenvolle Übelkeit vom Magen aufstieg: Platzangst, Klaustrophobie, Abwehr, Ekel…

Ich dachte, wenn der Mensch hier direkt vor mir nach billigem Rasierwasser riecht, nach »TABAC« womöglich, werde ich mich in dieser qualvollen Enge sofort übergeben, und die Frau neben mir werde ich umbringen, wenn sie mich berührt, ganz gleich wie.

Aber die Frau stand starr und versteinert. Und der weiße Kittel vor mir roch nach – was war das für ein Duft? Schafwolle oder Kernseife… Ich schnupperte, ja. Schafwolle oder Kernseife oder beides. Und das war nicht schlecht. Das war die reine Natur. Das war zu ertragen.

Dann hielt der Lift, und ich trat rückwärts hinaus und rannte zum Flurfenster, riss es auf und atmete tief und lange, als sei ich dem Erstickungstod entronnen.

Einige Tage vor meiner Abreise meldete ich mich in der Sprechstunde von Dr. Martin an. Ich wollte nicht heimgehen, ohne ihn einmal richtig angesehen zu haben. Es gab gar keine Erklärung für diesen Besuch, ich wandte keine raffinierten Tricks und Ausreden an, sondern sagte ganz ehrlich: »Ich wollte Sie nur kennenlernen.«

Dann sagte ich nichts mehr. Der Arzt sagte auch nichts, schien auch nicht sonderlich überrascht von dem eigenartigen Besuch und dem befremdenden Anliegen.

»Ich wollte Sie einfach nur einmal ansehen.« Er blieb ruhig hinter seinem Schreibtisch sitzen und betrachtete die Patientin. Er fragte nicht nach meiner Chip-Karte und nicht nach meiner Krankenkasse, er fragte nicht, wer mich behandelt habe und wie ich mich fühle. Keine Floskel. Kein »Wie geht es Ihnen?« Er saß ganz ruhig da und schwieg und sah mich an, ohne mich anzusehen.

Nein, er hatte keine Ähnlichkeit mit irgendeinem Familienangehörigen. Wie sah er aus? An wen erinnerte er mich? Ich überlegte. Ich war dankbar, dass der Arzt nichts fragte, dass er so freundlich-gelassen blieb. Und da kam mir eine Begegnung in den Sinn, eine wundersame Begegnung.

Ich war als junges Mädchen, es war kurz vor dem Abitur, auf einem langen einsamen Spaziergang an einer Koppel vorbeigekommen und hatte die Pferde bewundert, die dort grasten. Eines der Pferde stand dicht am Zaun, unbeweglich, als träume es. Ich hatte mich dem Tier genähert und hatte es angesehen, seine großen, klugen Augen – den edlen Kopf – welch ein schönes Geschöpf. Ich hatte lange am Zaun gestanden, hatte mich in stummer Zwiesprache mit dem Pferd angefreundet, und das Tier hatte meinem Blick standgehalten, hatte ganz ruhig die Augen auf mich gerichtet, die dunklen Augen von unergründlicher Tiefe. Dann, nach langem, langem Schweigen, wandte sich das Pferd ab und trabte davon. Aber es war mir zumute, als habe sich der Frieden und die Ruhe dieses schönen Tieres auf mich übertragen, als habe ich eine innige Freundschaft geschlossen, nicht nur mit dem Pferd, sondern mit allen Geschöpfen, mit allen Lebewesen, mit der ganzen Schöpfung. Ich war ein Teil davon und gehörte dazu, und alles war gut.

Das fiel mir ein, als ich dem Arzt gegenübersaß, ganz ruhig und nachdenklich wie er.

Dann erhob ich mich, streckte ihm die Hand entgegen und sagte: »Danke«. Er schien nicht zu wissen, wofür ich ihm dankte. Ich hätte wohl auch kaum ausdrücken können, was sich soeben alles verändert hatte, wie sich soeben mein Leben verändert hatte. Er lächelte, lächelte ein wenig verwundert, aber auch wie ein verständnisvoller Freund.

»Danke«, sagte ich noch einmal und dachte: Er hat mir wahrhaftig den richtigen Weg gezeigt. Was ist eigentlich geschehen? Was hat er gemacht? Hat er überhaupt etwas gemacht? Warum ist plötzlich alles anders? Das Leben ist gut. Ich kann die Nähe eines Menschen ertragen. Ich kann Blicke ertragen. Ich kann sogar wieder jemanden gut riechen. Ich kann Gefühle zulassen. Ich gehöre dazu. Ich bin ein Teil der Schöpfung. Nun beginne ich zu denken, dass vielleicht alles gut wird…

Ich ging die Flure entlang. Übermorgen würde ich nach Hause fahren. Ich dachte an unseren schönen Hund und wie sehr ich ihn vermisste. Ich dachte an den Garten. Ich dachte an die Kinder und dass wir endlich wieder alle zusammen sein würden… Ich dachte an meinen Mann. Und alles erschien so gut. Ja, ich glaube, ich begann mich zu freuen, ja, in genau der Reihenfolge.

* * *

Verführung durch Vanille

Fast hätten sie mich mit Gewalt hinschleifen müssen. An den Haaren herbeiziehen – das ging nicht, weil ich nach der Chemotherapie keine auf dem Kopf hatte. Es war doch sowieso alles an den Haaren herbeigezogen. Nein, ich will nicht. Muss das denn sein? Ich wollte nicht mehr in die Psychotherapie, nie mehr, nie, um keinen Preis. Ich war fertig mit den Psychologen. Diese schrecklichen Menschen. Das heißt, ich kannte ja nur einen. Aber die Erfahrung mit dem einen reichte.

Ich will nicht mehr.

Nie mehr.

»Aber Sie sollten doch einmal über Ihre Krebskrankheit und Ihre Ängste sprechen...«

»Ich will nicht darüber sprechen. Ich will über nichts mehr sprechen. Mit keinem.«

»Sie wissen doch, dass Krebs eine Krankheit ist, die nicht nur den Körper befällt und beliebig weggeschnitten, bestrahlt und medikamentös ausgemerzt werden kann. Es gibt da andere Zusammenhänge. Vieles, was mit unserer Seele in Verbindung steht. Vieles was aufgearbeitet werden muss.«

»Danke, ich will nichts aufarbeiten«, sagte ich matt. Konnten die mich bei diesem Aufnahmegespräch nicht in Ruhe lassen? Musste ich eigentlich alle Therapievorschläge gehorsam akzeptieren? Hatte mein Arzt nicht immer vom »autonomen Patienten« geschwärmt, vom mündigen Patienten, der selber entscheiden kann? Ach, ich war es so leid. Ich wollte nicht zum Psychotherapeuten gehen.

Ich wollte mich mündig und autonom dagegen entscheiden.

Aber leider...

Leider hatte ich keine Kraft, mich zu wehren. Leider hatte ich keine Energie, mich aufzulehnen. Leider konnte ich nicht mehr kämpfen.

Und so ließ ich mich also flügellahm und ohnmächtig und resignierend doch zur Sprechstunde des Psychologen in der Krebsnachsorgeklinik schicken.

Aber ich wollte passiven Widerstand leisten. Einfach nichts sagen. Einfach nicht antworten. Ich wusste ja genau, was mich erwarten würde. Ich kannte die Fragen. Ich wusste, wie so eine Sprechstunde abläuft. Ich hatte es in der Klinik erlebt, in der die Chemotherapie erfolgt war. Während dieser Behandlung, die ich nicht zu vertragen schien, sollte ich einen Psychologen aufsuchen, der mir helfen und mich unterstützen sollte. Ich suchte ihn auch brav auf, aber dann verlief die flankierende Maßnahme derart negativ und destruktiv, dass ich mich lieber unbegleitet in die elende Situation der jeweiligen ärztlichen Behandlung begab. Ohne Entspannungsübung und ohne Anleitung zum positiven Denken ließ ich mir die Infusionen geben, fragte bei Risiken und Nebenwirkungen keinen Seelentröster und ging allein durch die Hölle.

Der Psychologen hatte ich mich entledigt.

Dieser Psychologe hatte mich zuerst, um sich ein Bild zu machen und einen Ansatz zu finden, nach meinen Lebensumständen ausgefragt und dann gemeint: »Ich kann nicht verstehen, dass Sie sich so belastet fühlen. Ich kenne eine Frau in Ihrem Alter (Wie sich das anhört! Ich fühlte mich sofort wie ein Mitglied im Seniorenkreis.), die fünf Kinder hat (Ich habe nur lächerliche vier!) und eine tüchtige Rechtsanwältin ist (Wenn er so weiterredet und in alle Fettnäpfchen tritt und mich beleidigt, lasse ich ihm die

Lizenz entziehen, dann braucht er die tolle Rechtsanwältin bestimmt bald.), sie ist eine charmante Gastgeberin (Wahrscheinlich hat sie ihn mal eingeladen als Stimmungskanone.), und allem Anschein nach führt sie eine gute Ehe (Dem würde ich sowieso nichts über meine Ehe erzählen, nicht ein Sterbenswörtchen. Wahrscheinlich würde er nur seiner Verwunderung darüber Ausdruck geben, dass ich überhaupt einen Mann habe, wo ich so eine Niete bin.). Diese Frau kriegt das alles auf die Reihe. (Ich kriege nur Krebs!) Sie sollten Ihr Leben besser in den Griff bekommen.«

Ja, das baut auf. An diesem Tag habe ich nach den Infusionen schlimmer gelitten denn je. Ich brauchte nur an den unterstützenden Helfer meiner Seele zu denken, dann kam es mir hoch.

Trotzdem »riss ich mich am Riemen« (ein Fallschirm mit einer Reißleine?), ich »riss mich zusammen« und ging noch einmal hin. Vielleicht bin ich ja zu hypochondrisch und übersensibel, versuchen wir es noch einmal.

Diesmal fragte er nach meiner Mutter, aber so ungeschickt, dass ich sofort auf die Barrikaden ging. »Die Mutter als Schicksal«. Die Mutter mit ihrer falschen Erziehung ist an der ganzen Misere schuld. Das Mutter-Tochter-Verhältnis – immer dasselbe Lied.

Ich war nach seiner Inquisition nicht nur einfach beleidigt, sonden tief verletzt und verwundet. »Wenn ich meine Mutter nicht hätte, wer würde mir denn dann helfen? Wer hat denn Zeit und Liebe für meine verwaiste Familie? Wer ist Tag und Nacht für die Kinder, die Haustiere, den geplagten Pfarrer, das große Haus und den Garten da, während ich mich mit diesem schrecklichen Krebs herumquäle?« Ich habe bitterlich geweint. Einen verzweifelten Menschen so in die Enge zu treiben!

Bei den anschließenden Entspannungsübungen bin ich einfach weggegangen. Ich nehme solche Menschen nicht mit in meine Träume! »Stellen Sie sich vor: der Strand, das Meer, die Sonne, alles ist friedlich…«, sagte er. »Ich muss zur Toilette«, sagte ich und hielt mir die Hand vor den Mund.

Es waren die unangenehmsten Erinnerungen, die mich überfielen, wenn ich an Psychotherapie dachte, wenn ich nur diesen Begriff hörte. Nein, da wollte ich nicht mehr hin!

Trotzig und verzagt wartete ich vor dem Sprechzimmer des Klinik-Psychologen, bis der Patient, der vor mir therapiert wurde, wieder erschien. Was war das für ein eigenartiger Duft, der hier in der Luft lag? Nach Desinfektionsmitteln roch es nicht, nach Chemie aus der Chemotherapie roch es auch nicht, nach Seife oder Parfüm ebenfalls nicht, es war irgendwie vertrauter…

Ein kleines Mädchen in einem rosa Steppmäntelchen wartete mit mir vor der Tür des Sprechzimmers. Es blätterte in einem Bilderbuch und summte vor sich hin. Ich sah das Kind eine Weile an. Es war ein ungewöhnlich lebendiges Kind, obwohl es ganz ruhig und versonnen da stand. Es schien das Leben selbst zu verkörpern. Temperament und Wildheit und Ungebändigtsein und Glut, in kindliche Holdseligkeit verpackt wie in ein rosa Steppmäntelchen. Als die Kleine bemerkte, dass ich sie betrachtete, sagte sie zu mir: »Ich warte hier auf meinen Papi.«

Sie hatte die lustigsten Augen. Augen, die Funken sprühten und lachten und alles zu wissen schienen. Augen, ganz kugelrund. Marienkäferaugen. Siebenpunktata. Bettina Brenanto, das wilde Kind und Goethes Nervensäge – oder vielleicht das Vorbild für seine Mignon… Solche Augen! Ich hatte plötzlich eine Vision: Ich sah das Kind als große Schauspielerin auf einer Bühne agieren, eine ganz große Mimin – Maria Becker… Wie kam ich auf diesen Namen? Wieso fiel mir so etwas ein? …Maria Becker…

Dann wurde die Tür geöffnet, und ein junger Mann verabschiedete eine Patientin.

Die Kleine sagte: »Papi!« und lief auf ihn zu.

Der junge Mann fing sie auf und nahm sie in die Arme: »Warte noch ein wenig, ich möchte noch mit dieser Dame hier sprechen, ja?« Dann bat er mich herein.

Wir setzten uns an einen kleinen Tisch. Ich war fest entschlossen, kein Wort zu sagen. Aber ich brauchte ohnehin nichts zu sagen. Der junge Mann, der mir gegenüber saß, nahm seine Pfeife und stopfte sie sorgfältig: Noch ein paar Tabakskrümel... Noch ein bisschen fester gedrückt... Er war ganz konzentriert bei der Sache, und ich war ganz nebensächlich und nur Zuschauerin bei der Kunst des Pfeifestopfens.

Da das vermutete Verhör nicht stattfand und keine Gerichtssitzung abgehalten zu werden schien, verrauchte meinerseits mein Zorn, noch ehe seitens des Psychologen die liebevoll gestopfte Pfeife angezündet wurde. Dann stieß er die ersten Rauchwölkchen aus.

Es war der Tabak, der so duftete. Der vertraute Geruch vor dem Sprechzimmer rührte von der Tabakspfeife her. Aber es war nicht irgendein Tabakrauch. Es war noch etwas anderes. Was war das? Was duftete so erinnerungsträchtig? Was berührte mich so?

Ich dachte an Pudding, an Milchsuppe, an Reisbrei, an Kindergeburtstage, an meine liebe, liebe Großmutter, an... Und ich begann zu erzählen. Unaufgefordert. Ich erzählte, was mir in den Sinn kam. Ich sprach, um den Geruch aus meiner Erinnerung heraufzubeschwören. Ich versuchte, diesen Duft wiederzufinden und zu erklären.

Es hatte etwas mit meiner Mutter zu tun. Das ahnte ich. Dieser Duft hatte etwas mit Kindheit und Mutter zu tun. Also erzählte ich von meiner Mutter und begriff dabei, dass ich von mir selbst sprach.

Es war der Duft von Vanille. Ja, jetzt wusste ich es. Vanille. Die Vanille hatte mich verführt. Nein, nicht verführt. Sie hat mich ge-führt. Auf den richtigen Weg geführt. Türen aufgemacht und an die Hand genommen und auf einen guten Weg gebracht.

Der Psychologe wurde unser Freund.

* * *

Weißwurst für Portugal

Herr Antonio war wieder in seinem portugiesischen Heimatdorf. Seine Ankunft war jedesmal ein Festtag für die Familie und die Verwandten, für die Bekannten und Nachbarn, ganz besonders aber für die Freunde in Cesars Café. Die wussten schon tagelang vorher, wann Toni wiederkommen, wann der Bus aus Deutschland in Albergaria oder Mealhada eintreffen würde. Sie saßen auf der Bank vor dem Café in der Sonne und redeten über die Strapazen der zweitägigen Busreise, über die Emigranten in Venezuela und Brasilien, in Frankreich, in der Schweiz und in Deutschland. Sie kannten sich aus mit den Problemen und Schwierigkeiten, wenn einer das Dorf verlassen musste und im Ausland arbeitete. Jede Familie im Dorf hatte einen Verwandten in der Ferne, hatte entweder selbst viele Jahre in Venezuela gelebt oder den Vater, Sohn oder Onkel nach Frankreich ziehen lassen. In den Sommerferien kamen die meisten wieder zu Besuch ins Dorf zurück, legten ihr schwer verdientes Geld für den Neubau ihres Traumpalastes an (dem man schon von weitem ansah, in welchem Land der Besitzer arbeitete, weil dieses Haus entweder einem Schweizer Chalet, einer südamerikanischen Hazienda oder einem französischen Landhaus glich), oder sie fuhren mit ihren neuen großen Autos herum.

Herr Antonio und seine Familie kamen in den Sommerferien mit dem Reisebus aus Deutschland. Früher hatte der eine oder andere Freund aus dem Dorf sie abgeholt, und alle kamen herbei, wenn die vollen Taschen ausgepackt wurden. Für jeden gab es ein Geschenk: Bierkrüge und

Kuckucksuhren, T-Shirts und Pralinen und andere Herrlichkeiten. Herr Antonio schenkte und schenkte, er teilte mit allen seine Liebe und sein Wiedersehensglück, lud jeden ein, bereitete ein Freudenmahl und ließ die Korken knallen.

Das war in den mehr als 20 Jahren immer so gewesen. Und es war auch jetzt noch so, wenn seine hübsche Tochter, die schon seit einiger Zeit in Portugal lebte und arbeitete, ihn mit dem eigenen Auto abholte. Herrn Antonios Reisegepäck enthielt für alle ein liebevolles Souvenir, und keiner, der zur Begrüßung kam, musste auf dem Trockenen sitzen.

Herr Antonio versicherte, wie glücklich er sei, wieder in seinem Dorf zu sein, wie wunderbar die Luft hier sei, wie frisch und rein das Wasser, wie herrlich die warme Sonne, wie gut der Wein und das Obst im Garten und die Blumen vor den Häusern und wie freundlich die Menschen. Ja, er war glücklich. Er war in seiner Heimat. In diesem Dorf war er aufgewachsen, zur Schule gegangen, hier lebten die Menschen, die zu ihm gehörten. Hier ging es ihm gut, hier sprach jeder seine Sprache, hier konnte er leben.

»Guten Tag, wie geht's, Toni?« sagen die Leute, und Herr Antonio strahlt und nickt fröhlich und schüttelt die Hände, die sich ihm entgegenstrecken. Reden mag er nicht gern, es fällt ihm schwer. Obwohl es seine Muttersprache ist. Obwohl er daheim ist und in »seiner eigenen Zunge« sprechen kann, bereitet es ihm Schwierigkeiten. Herr Antonio hat Zungenkrebs.

Zungenkrebs – warum bekommt ein so fröhlicher, fleißiger Mann Zungenkrebs?

Ausgerechnet Zungenkrebs.

Hat das etwas mit der Sprache zu tun?

Als Portugiese in Deutschland hatte er es am Anfang bestimmt nicht leicht mit der deutschen Sprache. Hat ihn das gekränkt, hat ihn das krank gemacht? Dass er fern seiner schönen Heimat in der Fremde lebte und in einer fremden Sprache, in einer fremden Zunge sprechen musste, hat das die Entstehung dieses Krebses beeinflusst?

»Wie ist das gekommen? Wie haben Sie das bemerkt? Wie lange ist das schon her? Was tun Sie dagegen? Wie sind die Heilungschancen?« Aber Herr Antonio winkt ein bisschen müde ab: »Sprecht mit meiner Frau Julia, ich möchte mich jetzt ausruhen.«

Julia mit den dunklen Augen und dem festen schwarzen Haar sitzt auf der Bank am Haus und schaut auf die herrlichen Madonnenlilien und Nelken im Vorgarten, wo alles paradiesisch blüht und duftet. Dabei erzählt sie in liebenswürdigem Bayrisch, wie ihr Mann sich mit dieser lebensbedrohenden Erkrankung auseinandersetzte und täglich auseinandersetzen muss. »Zuerst haben seine Freunde sich gewundert, denn er war ganz merkwürdig in die Breite gegangen. Sie haben ihre Witze gemacht, weil er so dick geworden war. Sicher hat Toni da schon gewusst, dass irgendetwas nicht stimmte. Aber er hat nie darüber gesprochen, er hat seine Sorgen und Befürchtungen nicht mitgeteilt.«

»Aber wie hat er es denn gemerkt, dass da an seiner Zunge ein Tumor wuchs?«

»Er wuchs unter der Zunge, er wuchs wie eine Röhre und wuchs immer wilder und behinderte meinen Mann sehr. Schließlich konnte er es nicht mehr verheimlichen und ging zum Arzt. Die Diagnose war erschütternd…«

»Wurde er gleich operiert? Und wie ging die Behandlung weiter?«

Julia ist sehr bewegt, wenn sie sich an die dunklen Stunden erinnert, an die Operation, an die Bestrahlung, an die Belastungen und die unbeschreibliche Qual beim Essen, beim Sprechen…

»Als mein Mann das Schlimmste im deutschen Krankenhaus überstanden hatte, wollte er nach Hause. Ich glaube, er wollte sich verabschieden, noch einmal alle wiedersehen, noch einmal die Heimat sehen, das geliebte Portugal, das liebe Dorf hier…«

Julia konnte und wollte ihren Mann nicht aufhalten. Er packte die Koffer, er packte lauter Geschenke in seine Koffer und fuhr allein nach Portugal. Wenn er schon sterben musste, dann möglichst hier in der Heimat. Vielleicht hat er so etwas gedacht. Meine Freundin Gertraud hat auch solche Gedanken geäußert – damals. Es gibt noch einige Freunde, die das laut gesagt haben: »Wenn es denn sein muss, dann will ich wenigstens dort meine letzte Ruhe finden, wo meine Heimat ist.«

»Er blieb einige Zeit hier und erholte sich ganz gut«, erzählt Julia. »Die Nachbarinnen kochten Suppe für ihn, er konnte ja nur Suppen und Flüssiges zu sich nehmen. Und die portugiesische Küche ist sehr gesund, es gibt sehr viel Gemüse, vor allem viel Kohl, und sehr viel Fisch. Das ist eine gute Ernährung gegen oder bei Krebserkrankung. Ja, das ist meinem Mann gut bekommen. Auch der lustige Umgang mit seinen Freunden war eine große Hilfe für ihn, er war einfach unbelasteter. Aber hier fehlte ihm natürlich die ärztliche Aufsicht und Kontrolle, und so musste er eines Tages wieder zurück.«

Ja, seitdem reist Herr Antonio ständig hin und her. Wegen der ärztlichen Behandlung und der Versorgung und nicht zuletzt wegen seiner Familie, die in Deutschland lebt, fährt er in die Fremde. »Leider hat sich eine größere Komplikation nach der Bestrahlung ergeben. Der Unterkiefer ist ziemlich arg verletzt. Die Zähne zerbröseln teilweise. Vielleicht ist durch eine zu starke Dosierung oder aus einem anderen Grund das Gebiß in Mitleidenschaft gezogen. Das muss erst wieder aufgebaut werden…«

Wegen des Heimwehs und der Sehnsucht nach seinem

Dorf, wegen seines Hauses und wegen der Freunde, wegen der Luft und ach, überhaupt... hält Herr Antonio es aber nicht lange aus und fährt bald wieder nach Portugal. Dann packt er seine Taschen voll und schleppt, soviel er nur tragen kann: Weißwürschte!

Die Freunde sollen doch einmal die deutschen Spezialitäten kennenlernen. Bayrisches Bier gibt es im Lokal, und den süßen Senf hat Herr Toni mitgebracht. Nun warten wir nur noch auf Manuel, der einen Topf mit heißem Wasser bereithält, damit die 60 Weißwürschtl noch vor dem 12-Uhr-Mittag-Läuten gegessen werden können.

Was die Männer bei diesem Essen denken, werden wir nie erfahren. Sie sind gebratene Sardinen und gegrillte Frangos, Hähnchen mit scharfem Piri-Piri, gewöhnt und Olivenöl und viel Knoblauch. Sie schmausen aber fröhlich ihre Weißwürschtl und begießen sie ordentlich und lachen viel und sagen: »Das nächste Mal musst du noch mehr mitbringen, Toni, noch mehr Weißwürste für Portugal.«

Aber das nächste Mal ist der Toni ohne Geschenke und für immer wiedergekommen.

Er braucht nicht mehr hin- und herzureisen.

Er hat seine Ruhe gefunden.

* * *

Wilde Orchideen

»Meine Frau ist meine ganz große Liebe«, sagte Giuseppe laut und tönend jedesmal, wenn er zuviel getrunken hatte. Und das passierte täglich. Er trank eigentlich immer zuviel. Abends, wenn er dann endlich auf der Terrasse saß und ein bisschen zur Ruhe kam (»den Tag ausklingen lassen« nannte er das), dann trompetete er diesen Satz in die Gegend, und die Zuhörer, die sich noch nicht daran gewöhnt hatten, zuckten zusammen wie unter einer schallenden Ohrfeige. »Ich liebe meine Frau, ich tue alles für sie«, sagte Giuseppe und trank eine Flasche Bier mit einem Zug leer. Und danach zündete er sich die dreiundzwanzigste Zigarette an.

Seine Frau Anette sagte gar nichts. Sie drückte sich noch mehr in ihren Sessel hinein und lächelte. Die Flasche Rotwein war fast leer. Anette hatte ganz schwere warme Füße und rote Wangen bekommen. Jetzt war sie müde und wunschlos glücklich. Wie gut, dass der Tag vorbei war…

»Erzählt doch mal, wie ihr in dieses Paradies gekommen seid«, sagte ich, »ich finde es wunderschön hier.«

Giuseppe redete. Er redete und gestikulierte und warf sich in die Brust und ließ seinem italienischen Temperament freien Lauf. Alle Szenen, bei denen er seine Umsicht und sein kaufmännisches Talent unter Beweis stellen konnte, strich er natürlich besonders heraus. Ich mochte Giuseppe, den ich als Sepp aus München kannte. Ich lachte herzlich, wenn er den Mund so voll nahm und schrecklich übertrieb, er hatte wirklich eine theatralische Begabung.

»Das Land hier habe ich von meinem Onkel gekauft,

einem Bruder von Mamma, der wohnte hier oben. Der hatte jedes Jahr so komische Professoren hier, die herumkrochen und seltene Pflanzen suchten. Manchmal kam ein ganzer Schwarm Studenten aus München, sie campierten irgendwo im Heuschober, da habe ich mir schon damals gedacht, dass ich hier mal, wenn der Onkel zu alt ist und mir das Grundstück abgibt, eine Herberge baue, weil doch meine Frau so gerne mit diesen Leuten geredet hat über München und die Bergpflanzen…«

»Orchideen«, sagte Anette leise, »wilde Orchideen.«

»Ja, so hat sich das also entwickelt«, sagte Sepp und ließ seine Blicke stolz über sein Anwesen gleiten.

Ja, in der Tat, das hatte sich wirklich sehr entwickelt, seit wir uns das letzte Mal gesehen hatten.

Giuseppe war in München in einer Gaststätte Kellner gewesen, als er Anette kennenlernte. Sie heirateten bald und träumten vom eigenen Haus in Italien, in der Nähe des Gardasees, wo Giuseppes große Familie lebte. In den Ferien fuhren sie immer in Sepps Heimat: »Stell dir vor, mit dem Motorroller!« Es war schön da, Anette war glücklich und arbeitete gerne mit in den Weinbergen und in den Wirtschaften der Brüder. »Und wenn wir genug Geld zusammen haben, dann bauen wir uns hier ein wunderschönes Haus, für uns allein.«

Aber dann kam plötzlich Anettes Krankheit dazwischen: Darmkrebs. In der Klinik in Großhadern wurde sie operiert und bis zur Weiterbehandlung in einer Nachsorgeklinik betreut. In dieser Rehaklinik traf ich Anette und freundete mich mit ihr an. Anette wirkte ziemlich gelassen und ertrug die Krankheit mit Geduld, was man von dem armen Giuseppe nicht sagen konnte. Er kam andauernd zu Besuch, er litt furchtbar: »Es ist die erste Trennung in unserer Ehe, wir sind jetzt mehr als 20 Jahre verheiratet und noch nie einen Tag getrennt gewesen, amore mio, das kannst du mir doch nicht antun!«

Anette saß in ihrem Zimmer und stickte Blumen und Pflanzen auf Tischdecken. Sie stickte still vor sich hin und legte sich dabei ihren Plan zurecht. »Weißt du«, sagte sie zu mir, »ich halte das alles für eine gute Fügung. Ich werde jetzt nämlich in Rente gehen, dann kann der Sepp seinen Job auch aufgeben, und wir ziehen endgültig nach Italien. Das Geld reicht für uns und für das Häuschen. Und ich bin in Italien immer so glücklich gewesen. Nun sind wir schneller ans Ziel gekommen, als wir dachten, ist das nicht wunderbar?«

Und Sepp sagte: »Ich liebe meine Frau, ich tue alles für sie!«, gab seinen Job auf, kratzte alles Geld zusammen und zog mit Anette nach Italien. Bald darauf übergab der Onkel dem Giuseppe und seiner deutschen Frau das Grundstück im Ledrotal oberhalb des Gardasees. In dieser wildromantischen Bergwelt war Anette bald nicht mehr wiederzuerkennen. Sie streifte umher und sammelte Kräuter, arbeitete bei der Weinernte mit und freute sich über die Fortschritte, die das Haus machte, das Giuseppe für sie baute. Der Sepp sang den ganzen Tag und pfiff vergnügt vor sich hin, weil alles so lief, wie er wollte.

Zweimal im Jahr kamen die Biologen, Professoren und Studenten und suchten in den abgelegenen Tälern die wundersamsten Wildorchideen. Abends kehrten sie zurück und bekamen ein Nachtmahl, einen guten Wein und ein bescheidenes Lager in Sepps Haus. Anette genoss die Gespräche mit den Gästen und hatte nichts dagegen, als Sepp meinte, er wolle das Haus doch ein bisschen größer bauen, damit die Biologen eine würdigere Unterkunft hätten.

Ja, damit begann es.

Anette hatte genickt und zugestimmt, als Giuseppe sagte: »Ich baue eine Etage drauf, dann können deine Freunde besser übernachten.« So fing es an.

Als die Etage gebaut war, klagte Giuseppe, weil das große Haus die ganze Zeit leerstand. »Wir könnten doch in der Zwischenzeit an andere Naturfreunde vermieten, was meinst du? Du kannst deine Kräuter verkaufen, das ist doch eine Bestätigung für dich, amore mio.« Und so vermieteten sie jedes Zimmer, servierten morgens ein Frühstück und abends ein warmes Abendessen, das Giuseppe in der Küche gebrutzelt hatte, saßen mit den Gästen bis in die Nacht hinein zusammen und verkauften und tranken den Wein, den Giuseppes Familie in riesigen Fässern anrollte.

Glücklich baute der erfolgreiche Giuseppe ein Gästehaus hinter sein Hotel an, bald darauf ein weiteres Appartementhaus, stellte Mitarbeiter und Hilfskräfte ein und pfiff vergnügt vor sich hin, wenn die Gäste von früh bis spät auf den Wiesen herumspazierten und abends seinen Wein tranken. »Ich weiß nicht mehr, wo ich ein Plätzchen für mich habe, ich möchte so gerne meine Ruhe finden«, weinte Anette. Da war Giuseppe ehrlich erschrocken. Er hatte vor lauter Betriebsamkeit kaum noch Zeit für Anette gehabt.

Er sah sie erschrocken an und stellte fest, dass sie auch gar zu elend aussähe und sicher überfordert sei und dass er sie sofort in die deutsche Klinik bringen müsse. Auf Händen würde er sie hintragen.

»Und das Hotel?«

»Das macht inzwischen meine Mutter.«

Ausgerechnet die Mamma, diese italienische Übermutter, sollte das Zepter schwingen. Das gab Anette einen Stich ins Herz.

In der Klinik stellte man fortgeschrittene Metastasierung fest. »Wir wagen noch eine Operation, aber Sie brauchen vor allem Ruhe, Ruhe, Ruhe!«

Nach diesem Klinikaufenthalt, der Operation und der anschließenden Chemotherapie, kam Anette so geschwächt und unglücklich über ihre Kahlköpfigkeit und ihre Krankheit zurück, dass sie nur noch eine Ecke suchte, wo sie sich verkriechen konnte. Und die war in dem ganzen Hotel nicht vorhanden, denn überall saßen fremde Menschen herum, stellten Ansprüche, sangen und lärmten die halbe Nacht. »Kannst du sie nicht bitten zu gehen?« fragte sie verzweifelt. »Ja«, sagte Giuseppe, »ich höre auf, ich schmeiße sie alle raus, nur noch diese Saison, amore mio, nur noch diese eine Saison.«

Und mit Tränen in den Augen erklärte Sepp, dass seine Frau seine große Liebe sei, für die er alles tue. »Dann lass auch nicht zu, dass deine Mutter sich hier aufspielt, als sei sie die Chefin. Sie streift mich mit mitleidigem Blick und seufzt, dass ihr Sohn so gestraft sei und statt einer Frau ein Wrack am Hals hat«, flehte ihn Anette an. »Nein, ich werde das ändern, ich schwöre es dir«, sagte Sepp.

Am nächsten Tag bestellte Sepp die Maurer, die im Garten vor Anettes Schlafzimmerfenster die Erde aushuben und Zement anrührten.

»Was wird das?« fragte ihn Anette. »Was machen die da?«

»Ich baue ein Haus für meine Mutter im Garten, dann hat sie ihr eigenes Reich und ist dir hier aus dem Wege«, sagte Giuseppe.

»Du baust ein Haus für deine Mutter?« sagte Anette entsetzt. »...In unserem Garten?«

Ich habe Anettes Grab auf dem Friedhof im benachbarten Kirchdorf besucht. Es ist ein wunderschönes weißes Marmorgrab, ein Doppelgrab, denn daneben wird Giuseppe seine letzte Ruhestätte haben, sein Name ist schon auf dem Stein eingemeißelt.

Das Grab war mit frischen teuren Blumen geschmückt, mit prächtigen Nelken und Gerbera. Die kleine wilde Orchidee, eine Knabenkraut-Art, die nur in den oberitalienischen Bergen wächst, sah sehr unscheinbar daneben aus. Ich hatte so lange nach dieser Pflanze gesucht. Ich bin an allen Stellen gewesen, die mir Anette gezeigt hatte. Es gab wundersame Pflänzchen mit kostbaren Blüten unter den wilden Orchideen. Es gab so viele Arten. Anette hatte sie alle gekannt. Sie hatte alle Namen gewusst. Sie kannte ihren Standort und besuchte sie, wie man Freunde besucht. Aber auf meinem Streifzug, der gleichzeitig ein Wiedersehen mit Anette war, denn mir schien sie so lebendig und gegenwärtig zu sein, dass ich ihre Stimme zu hören glaubte, bei meiner Rückkehr und Suche hatte ich nur dieses Knabenkraut gefunden. Ein kleines Knabenkraut, eine kleine wilde Orchidee auf der Marmorplatte zwischen den prächtigen teuren Blumen…

»Für die Blumen gibt der Herr Giuseppe ein Vermögen aus«, erklärten mir die Spaziergänger, die zwischen den Gräbern herumwanderten. »Wir kommen nun schon zum sechsten Mal als Gäste in sein Hotel, kennen Sie das Hotel? Kennen Sie Herrn Giuseppe? Immer hat er so herrliche Blumen für das Grab seiner Frau. Ja, er muss sie sehr geliebt haben. Er hat alles für sie getan. Es war seine ganz große Liebe.«

* * *

Die Woge des Glücks

Wellenreiten an der Atlantikküste.

Wellenspringerei am Meer.

Wir sprangen mit den anrollenden Wellen mit, ließen uns hinaufheben und mittragen, paddelten in der Woge mit, hechteten aus den Wassermassen heraus an die Luft, fielen um, rappelten uns wieder auf, kamen hoch – wo war oben und unten, wo war das Land? Ein herrliches, atemberaubendes Vergnügen war das!

Manche Jungen hatten ein Surfbrett und ritten auf den Wellen mit, sie glitten wie Delphine durch das Wasser, mal oben, mal zwischendurch, mal unter den Schaumkronen hinweg. Die braungebrannten Körper waren schön anzusehen, wenn sie am Strand landeten. Das Wasser glänzte auf der Haut, und im schwarzen Haar glitzerten die Tropfen.

Einige junge Burschen tauchten mit großem Geschick unter den hohen Wellen durch, machten ein paar ruhige Züge, warteten die nächste Wand ab und schossen darunter weg.

Weit draußen, wo der Atlantik ruhig war, wiegte sich Jakob auf seiner Luftmatratze. Er hatte die Brandung durchkämpft, immer wieder kenternd mit seinem Luftmatratzen-Ungetüm, hatte die ruhigeren Gebiete erreicht und schaukelte behaglich vor sich hin. Das erweckte zwar den Eindruck von Badeferien und Sommerfrische, war aber äußerst abenteuerlich und riskant, weil es Ebbe und Flut und die gewaltige Strömung gab, lauter unbekannte Gefahren. Der Luftmatratze traute ich sowieso nicht zu, dass sie mir den Knaben wieder heil zurückbrachte. So schaute ich jedesmal, wenn ich wieder die Oberhand bekam und das Salzwasser aus den Augen gewischt hatte, ängstlich in die Ferne, ob die einsame Nußschale – ach was, ein Blatt im Wind! – da noch schaukelte.

Manchmal kam eine Riesenwoge schräg dahergebraust, hoch wie eine Häuserwand, kräuselte sich weiß und drohend in der Schaumkrone und warf uns mit mächtiger Gewalt um. Kaum tauchten wir auf, prustend und nach Luft schnappend, rollte schon der nächste Brecher heran, unerwartet und unvorhergesehen, ließ uns keine Zeit, um uns zu orientieren, und klatschte uns erneut an den Strand.

Es war herrlich. Brrr! Es war einfach herrlich. Ich kreischte vor Vergnügen und völlig ungehemmt, weil es ja eh keiner hören konnte. »Weißt du noch«, rief ich meiner Jüngsten zu, »weißt du noch: letztes Jahr?«

Letztes Jahr waren wir auch an diesem Strand gewesen. Letztes Jahr? War seitdem wirklich nur ein Jahr vergangen? Letztes Jahr also, an diesem Strand...

Allerdings, Spaß hatte es nicht gemacht. Und ich habe dann, nach dieser peinlichen Szene, auch gar nicht mehr mitgemacht.

Anfangs traute ich mich noch. Die Schonzeit nach der Bestrahlung war längst vorbei. Ich hatte mich an das Handicap nach der Amputation gewöhnt. Aber ich musste immer auf der Hut sein, dass mir meine Prothese nicht wegrutschte. Ängstlich zupfte ich an meinem Spezialbadeanzug herum. Das Umkleiden war eine Katastrophe, denn an diesem Naturbadestrand gab es keine Badekabinen. Wofür auch? Hier saßen die schwarzgekleideten Großmütter unter einem verblichenen Sonnenschirm im Sand und häkelten feine weiße Spitzendecken. Hier tummelten sich die Kinder der Fischer und ein paar Dorfbewohner. Das war ja eigentlich das Schöne an diesem Ferienort. Jeder hüpfte fröhlich und unkompliziert herum.

Nur ich hatte da meine Probleme. Ich fühlte mich unsicher. Ich fühlte mich beobachtet und dachte, dass jeder meinen Makel erkennt. Ich wusste nicht so recht, wohin mit der schweren Silikon-Prothese, die scheuerte und klebte und verrutschte.

Wie ich da noch so im Wasser herumsprang, brandete plötzlich eine Welle mit derartiger Wucht und klatschte mich auf den Sand, dass ich nicht nur den Boden unter den Füßen verlor, sondern auch meine »typisch weiblichen Attribute«. Es war peinlich, entsetzlich peinlich.

Dr. Schweikhart hatte mir einmal eine ähnliche Geschichte erzählt. Er sagte, sie sei ein Schlüsselerlebnis für ihn und habe ihn bewogen, bei Brustkrebsoperationen, wenn irgend möglich, alles zu erhalten oder andernfalls sofort und im gleichen Zuge die Rekonstruktion einzuplanen und durchzuführen. Er hatte mitangesehen, wie eine Tennisspielerin bei einem weitausholenden Schlag ihre Brustprothese verlor und wie sie dem Gelächter der Zuschauer ausgesetzt war, besonders der Balljungen, die »das Ding« einsammelten. Eine ähnliche, für die Frau so schockierende Situation sollte nie einer seiner Patientinnen widerfahren, sagte er. Er setze alles daran, das zu verhindern.

Diese Geschichte fiel mir ein. Ich kam wieder auf die Beine, raffte mein »Zubehör« zusammen, setzte mich beschämt und gedemütigt auf mein Badehandtuch in die Sonne, schön weit weg von den andern, grub mit den Händen im feinen Sand und ließ ihn durch die Finger rinnen, rinnen und rinnen, ließ ihn kleine Sandhügel bilden, kleine Hügel – und da hatte ich's!

Wütend und verzweifelt beschloss ich in diesem Moment: Ich lasse eine Brustrekonstruktion durchführen!

Es war wie eine Eingebung.

Das war mein persönliches Schlüsselerlebnis. Ich wollte

eine solche Szene nicht noch einmal erleben. Ich wollte dieses Mitleid und Erschrecken der anderen nicht mehr ertragen. Ich wollte nicht mehr gegen meine eigene Panik bei jeder ärztlichen Untersuchung angehen müssen. Wenn die Sprechstundenhilfe beim Röntgen sagte: »Machen Sie den Oberkörper frei!«, setzte diese Aufforderung einen unglaublichen Abwehrmechanismus in Bewegung. Vor Scham und Schande wäre ich am liebsten davongelaufen. O Erde, tu dich auf... Aber nun war Schluss damit. Ich wollte mich nicht mehr verstecken, mich phantasievoll verkleiden mit künstlerisch um den Hals geworfenen Tüchern oder adelig geschlungenen Schals und vornehmen Jabots. Ich wollte auch nicht mehr resignierend in einer Ecke sitzen. Und vor allem: Ich wollte raus aus meinem Sack! Aus diesem T-Shirt-Sack.

Schade, dass ich Dr. Schweikhart und seine Kunst erst einige Jahre nach meiner Krebserkrankung und Amputation, nämlich bei der zweiten Erkrankung, getroffen hatte. Schade, aber noch nicht zu spät.

»Ich möchte einen Wiederaufbau durchführen lassen. Geht das noch, sieben Jahre nach der Operation und nach den Bestrahlungen? Wer macht das? Wie geht das vor sich? Gibt es sowas auch für mich – auch wenn ich kein Model bin?« Ich fragte und fragte. Aber nach »Risiken und Nebenwirkungen« fragte ich nicht. Ich sah nur Positives an der ganzen Geschichte.

Wie hat sich der junge Arzt gefreut! Er schleppte Statistiken herbei und erklärte mir, dass die Lebenserwartung einer Patientin mit Rekonstruktion weitaus größer sei, dass die Lebensqualität enorm verbessert werde, dass er sich über meinen Entschluss so freue... Er riss mich mit seiner Begeisterung wirklich mit. Außerdem zeigte er mir Implantate, erläuterte mir sachlich den Verlauf aller Eingriffe und Maßnahmen und empfahl mir den besten Spezialisten für

Wiederherstellungs-Chirurgie, eine Fachärztin für plastische Chirurgie.

Meine Familie unterstützte mich mit optimistischen und aufmunternden Worten: Ich muss schon sagen, sie waren wirklich okay. Aber ich hörte natürlich auch andere Stimmen: »Machen Sie das nicht, das ist viel zu gefährlich, neulich wurde ein Film gezeigt, die Implantate sind krebserregend, das ist eine mörderische Prozedur, das verkraften Sie sowieso nicht, ist doch überhaupt nicht notwendig, also, – ich würde das meiner Frau nicht zumuten...«

Na, toll. Ein Glück, dass ich den Film nicht gesehen habe – und vor allem: dass ich nicht die Ehefrau von diesen Unken und Miesmachern war. Was wissen die schon von der Notwendigkeit einer solchen Rekonstruktion. Was wissen die schon von der Lebensnotwendigkeit dieser Maßnahme.

Ich diskutierte nicht mehr und mit niemandem, sondern meldete mich bei der Ärztin an.

Ein Jahr war seitdem vergangen, ein einziges Jahr. Ein wundervolles Jahr. Alle Operationen lagen hinter mir. Alles war gelungen. Ich war total »runderneuert«. Ich war glücklich.

Wieder fuhren wir in den Sommerferien ans Meer.

Ich werfe mich in die Wellen. Was kann mich eigentlich noch umhauen? Höchstens eine Welle! Da kommt sie schon an. Die Gischt sprüht. Ich springe hoch, rudere mit den Armen, pruste, lache. Ich lasse mich tragen von der großen, überschäumenden Woge, der Woge des Glücks.

»Weißt du noch«, schreie ich in die Brandung, »weißt du noch: letztes Jahr?«

Was hatte Dr. Schweikhart wegen der Lebensqualität und Lebenserwartung damals gesagt? Wer glücklich ist, kriegt keinen Krebs.

* * *

VIP mit rosa Bad

»Packen Sie bitte Ihre Sachen zusammen, wir müssen Sie verlegen«, sagte die Schwester, und das veranlasste mich nicht zu Jubelrufen wie sonst, wenn ein Buch von mir in einem Verlag von einem Verleger verlegt wird. Im Krankenhaus ist Verlegtwerden nichts Schönes. Meistens hat die Nachricht »Sie werden verlegt!« einen negativen Aspekt: »Von nun an geht's bergab…« Viele der Patientinnen, die mit mir ein Zimmer teilten, habe ich nach ihrer Verlegung nie mehr gesehen. Das kann folglich gar nichts Gutes sein. Ich ließ mich nur ungern aus dem Zimmer verlegen, wo ich mit einer »Busenfreundin« lange Gespräche geführt und Freud und Leid, wie man so sagt, geteilt hatte.

»Warum muss ich denn dieses Zimmer verlassen?«

Die Schwester sagte, diese Frage könne sie nicht beantworten, sie handle nur auf Anordnung. Sie nahm meine Reisetasche und ließ mir gerade noch Zeit, meine Zahnbürste und Bücher und Blümchen zu ergreifen, dann ging die Verlegung los. Ich schlappte ein wenig mühselig und langsam, wie sich das für eine Rekonvaleszentin gehört, über den Flur zu meinem neuen Zimmer.

»So, hier werden Sie vorerst bleiben.«

Ach, du liebe Zeit, das war ja der helle Wahnsinn! Vielmehr: Ein helles Einzelzimmer mit schlichter, aber geschmackvoller Einrichtung und hübschen Gardinen an den Fenstern. Der Blick ging hinaus in den Garten, toll, ist ja toll hier, und das soll für mich sein? Und wo ist das Waschbecken? Im Schrank eingebaut? Nein. Es gibt keine Nasszelle. Seltsam. Was ist hier hinter der Tür? Ein rosa gekacheltes Badezimmer. Ein richtiges großes Badezimmer, rosa gekachelt. Ich fasse es nicht! So viel Luxus und Komfort. Das soll für mich sein? Das kann ich doch nie und nimmer bezahlen. Meine Güte, ich kann doch nicht in dieser Luxussuite als Patientin liegen. Was ist denn das für eine Anordnung, und von wem kommt eine solche Anordnung? Hier macht sich einer einen Spaß mit mir und zeigt mir, welche schönen Seiten das Leben noch zu bieten hat.

Dabei zweifelte ich gar nicht an den schönen Seiten des Lebens. Ich war gerade im Begriff, sie neu zu entdecken und anzunehmen. Ich begann gerade zu begreifen, dass ich diesmal nicht in einem Krankenhaus, sondern in einem Haus der Gesundheit, oder wie ich manchmal im Ausland las: in einer »Casa da Saude«, behandelt wurde. Hier war alles anders als sonst. Sonst hatte man mir bei jeder Operation etwas entfernt oder weggeschnitten. Jetzt bekam ich bei jeder operativen Maßnahme etwas zurück. Vielleicht rührte von dieser Einsicht mein Glücksgefühl her.

Seit dem »umwerfenden« Ereignis an der Atlantikküste, wo ich den Vorsatz fasste: Ich lasse eine Rekonstruktion machen, schwebte ich wie auf rosa Wolken. Ich war in die Praxis der Chirurgin gegangen, hatte artig und herzklopfend im Wartezimmer gesessen. »Das erinnert mich hier irgendwie an Nizza«, sagte eine Dame neben mir, die aus dem Fenster geschaut hatte. Aber da ich Nizza nicht kenne, konnte ich keinen Kommentar dazu abgeben. Ich wollte es mir auch nicht anmerken lassen, dass mich nicht der Duft der großen Welt umgibt, und nickte nur höflich. Allerdings, rein von der Stimmung her, fühlte ich mich auch wie »Über den Dächern von Nizza«.

Dann stand ich vor der Ärztin und zeigte ihr wortlos meinen nach innen gewölbten Oberkörper mit der wulstigen, riesigen Narbe. Ich sagte nichts, weil diese Frau atemberaubend gut aussah. Eine tolle Frau! Mir verschlug's die

Sprache. Sie war groß und schlank und elegant und gepflegt und blond und einfach umwerfend. Auf ihren Wimpern lag blauer Blütenstaub wie der Glanz auf Schmetterlingsflügeln. Ihre edle Nase, ihre edle Stirn, ihre vornehme Haltung – ach, wie war ich denn hierher geraten?

Hässlich und verstümmelt stand ich vor ihr und sagte nichts mehr.

Die Ärztin sprach nicht und fragte nichts. Sie prüfte mit spitzen Fingern die Elastizität der Haut, die nach den Bestrahlungen ziemlich gelitten hatte. Dann sagte sie: »O!«

Ich fand dieses »O!« großartig. Es steckte alles darin: Überraschung, Staunen, Schrecken, Ablehnung, Aussichtslosigkeit, alles mögliche… Ich suche immer noch eine Situation in einem Leben, in der ich nichts als »O!« und damit alles sagen kann. Also, dieses »O!« war sozusagen Anamnese, Diagnose und zugleich die Zustimmung für die Operation, trotz aller Schwierigkeiten und Bedenken. Die Ärztin gab mir ein Schreiben über Brustrekonstruktionen mit, erklärte mir knapp die voraussichtliche Behandlung, gab mir einen Termin für die erste große Operation, wahrhaftig, nicht für eine weitere Beratung, sondern für den ersten Schritt zur Wiederherstellung. Ich verließ diese Sprechstunde, vielmehr die höchstens Sprech- »Viertelstunde« in seliger Euphorie.

Ich studierte das Schreiben der Ärztin wie den Beipackzettel für eine Wundermedizin: Der Wiederaufbau erfolgt in drei Phasen. Zuerst wird ein Hautexpander wie eine Tasche unter die Haut und den Muskel gelegt. Woche für Woche wird die Haut ein wenig mehr gedehnt, indem eine Kochsalzlösung in den Expander eingegeben wird. Das ist keineswegs schmerzhaft.

Das stimmt wirklich, es tat mir nie etwas weh, vielmehr empfand ich alles als frühlingshaft, positiv, wunderbar. Als Schulmädchen hatte ich mich sehr geniert und in unförmigen Pullis versteckt, damit niemand sieht, daß ich heranreifte und einen Busen bekam. Es war mir so was von peinlich gewesen. Jetzt erlebte ich diesen Vorgang noch einmal und ganz voll Freude. Ich war so glücklich, dass ich etwas wieder zurückbekam, was ich verloren hatte. Ich ging die Straßen entlang und strahlte die Passanten an: Sehen Sie nicht, dass ich noch einmal zu leben beginne? Mir wurde das Leben neu geschenkt, Leute!

Ich war glücklich. In der Klinik sah ich bei Mitpatientinnen das Ergebnis eines gelungenen Wiederaufbaus – wie von einem Bildhauer geschaffen. Da freute ich mich auf die nächsten Klinikaufenthalte.

Der zweite Schritt sollte das Implantieren sein, der dritte Schritt die ästhetische Angleichung und die Bildung der Warze. Zwischen diesen Phasen liegen mehrere Monate. Manchmal wartet man sogar ein Dreivierteljahr oder noch länger, bis wieder ein Eingriff vorgenommen werden kann.

Bei mir ging aber alles viel schneller.

Ich war jetzt zum zweiten Mal in der Klinik und hatte gerade erfahren, dass alle Maßnahmen schon erfolgt waren, dass unter dem großen Pflaster alles nett und »richtig« an seinem natürlich vorbestimmten Platz saß und dass ich nach dem Heilungsprozess wieder vollständig hergestellt sein würde.

Na, ist das nicht sensationell und großartig? Ich mochte vor Glück und Freude gar nicht im Bett liegen bleiben, sondern wäre am liebsten auf den Flur hinausgegangen und hätte allen erzählt, dass ich »rehabilitiert« sei, dass ich ohne Fehler und Makel sei und dass alles so hübsch und schön bleiben würde, selbst wenn ich eine uralte und verwelkte Babuschka bin.

Und nun saß ich im Einzelzimmer für »VERY IMPORTANT PERSONS« und hatte ein rosa Bad. Dieses Verlegen von meinem gemütlichen, normalen Einfach-Krankenzimmer in die Suite brachte mich in arge Verlegenheit. Ich setzte mich also auf den Stuhl in dem Raum, berührte möglichst kein Möbelstück und wartete, bis ein Arzt käme und sich der Irrtum aufklären würde.

Am Nachmittag kam die Chefärztin, die atemberaubend tolle Frau mit den Schmetterlingswimpern, zur Visite und fragte streng: »Warum liegen Sie nicht im Bett?« »Weil ich es nicht bezahlen kann«, sagte ich und erklärte ihr, dass ich mit dieser Verlegung nicht einverstanden sei und dass sie so etwas doch unmöglich angeordnet haben könne. »Was ist das hier überhaupt für ein Zimmer?«

Sie sagte, es sei ein Raum für besondere Fälle, für Patienten nach besonderen Operationen. Es gebe manchmal Leute, die nicht gleich wieder unter andere Menschen gehen möchten, die noch ein wenig geschont werden müssen oder sich selber noch ein wenig zurückziehen möchten.

Aha, dachte ich, Prominente mit einem Facelifting oder Stars wie Michael Jackson.

Sie beruhigte mich: Es habe alles seine Richtigkeit, es sei halt zur Zeit kein anderes Zimmer frei, sie hätten mein Zweibettzimmer mit dem seit gestern leerstehenden Bett dringend gebraucht, es gebe keine andere Möglichkeit, es sei denn, ich hätte lieber einen frisch operierten männlichen Patienten als Zimmergenossen.

»Nein, das nun auch nicht. Dann muss ich wohl oder übel hier im Luxusappartement mit rosa Bad bleiben…«, sagte ich. »Ich habe nur befürchtet, dass ich's nicht bezahlen könnte.«

Meine Kinder genossen die Zeit im VIP-Zimmer. Madleen kam in der Mittagspause von ihrem Fortbildungslehrgang herübergelaufen, erzählte mir von den Fortschritten, die sie machte und was sie alles erlebt hatte, legte dann den Kopf auf die Kissen des VIP-Bettes und schlief ein.

Einmal kam die Ärztin mit ihrem jüngsten Sohn ins Zimmer. Der Schuljunge hatte seinen Aufsatz zurückgekriegt und war mit der Beurteilung nicht einverstanden. So lief er also zur Mutter in die Klinik und beschwerte sich. Das war mir so vertraut. Unsere vier Schulkinder kamen auch immer voll Empörung nach Hause und klagten uns ihr Leid, wie man ihnen Unrecht getan habe und dass niemand sie verstehe.

Die Ärztin sagte: »Sie sind doch Deutschlehrerin, würden Sie bitte einmal Danilos Aufsatz lesen und ganz objektiv Ihre Meinung dazu sagen?«

»Ja, gerne.«

»Also, ich lese Ihnen die Arbeit jetzt erst mal vor«, sagte Danilo, »damit Sie durch das, was die Lehrerin druntergeschrieben hat, nicht beeinflusst werden.«

Ich lachte. Beeinflusst war ich schon – allein durch die Tatsache, dass sich der Junge falsch beurteilt fühlte, falsch, das heißt auf jeden Fall zu schlecht oder schlechter, als er erwartet hatte, denn sonst würde er sich doch wohl kaum beschweren. Noch nie hatten meine Kinder sich ungerecht beurteilt gefühlt, wenn sie eine gute oder gar eine zu gute Note bekommen hatten, vielleicht sogar eine bessere, als sie meinten verdient zu haben. Nun musste ich also aufpassen, dass ich fein diplomatisch das richtige, abgewogene – natürlich völlig objektive – Urteil fällte.

Und das würde mir sehr schwer fallen. Ich war nämlich durch das Erscheinen des Knaben Danilo noch entscheidender beeinflusst, als ich jemals zugeben würde. Ich war sofort für ihn eingenommen: Er war ein wunderschöner Junge. Aschenbachs Tadzio. Er war groß und schlank, und obwohl er Jeans und einen Pullover trug, sah ich ihn wie einen Prinzen in Kleidung aus braunem Samt vor mir stehen. Das feine, kluge Gesicht, umrahmt von blonden langen Haaren, die märchenhaften braunen Augen, die edle Nase, der schön gezeichnete Mund – diese leibreizende

Kindlichkeit und empörte Jungenhaftigkeit... Hold und rein. So muss er ausgesehen haben: Aschenbachs Tadzio.

Wie gut, dass ich nicht Danilos Lehrerin war. Ich glaube nicht, dass ich angesichts seiner Schönheit und Unschuld immer objektiv und neutral hätte sein können. »Setz dich und lies mir deinen Aufsatz vor«, sagte ich und bemühte mich, den schönen Knaben nicht anzusehen und streng und sachlich zu urteilen.

Er las vor. Es handelte sich um eine Aufsatzart, die man Gegenstands-Beschreibung nennt und für deren Beurteilung es ganz bestimmte Kriterien gibt. Das erleichterte die Sache. Dass ich allerdings die Aufsätze von Schülern mit ihrem kurzen, knappen, spröden Stil einfach hinreißend finde im Gegensatz zu den wortreichen, emsig bemühten Darstellungen fleißiger und ehrgeiziger Schülerinnen, erschwerte die Sache wiederum. Dass zudem der schöne Knabe Tadzio-Danilo da saß und las, benahm mir fast den Atem.

Er beendete seinen typisch knappen, amüsant-lakonischen Vortrag und schaute mich erwartungsvoll an. Auch seine Mutter, die neben ihm am Bett stand, ließ mich nicht aus den Augen. Ich weiß nicht mehr, was ich hervorgebracht habe, aber sie waren beide wohl zufrieden. Danilo reichte mir das Heft mit der tintenroten Beurteilung der Lehrerin, die durchaus wohlwollend ihre Korrektur vorgenommen hatte. »Sieh mal«, sagte ich, »sie scheint dich sehr zu mögen, sie hat sogar noch einen Fehler übersehen und damit deine Note doch recht gnädig ausfallen lassen. Übrigens, wenn sie dich streng beurteilt, hilft dir das mehr, als wenn sie alles durchgehen lässt. Im Augenblick ärgerst du dich vielleicht über diese schlecht ausgefallene Arbeit, aber der Ärger motiviert dich, deine Aufgaben in Zukunft besser zu machen. Für Gegenstands-Beschreibungen wirst du bald ein Spezialist sein und nie mehr etwas falsch machen, weil wir doch aus Fehlern lernen.«

Danilo protestierte, die Mama lächelte. Und von nun an kam er öfter zu einem Gespräch. Wir fachsimpelten über Schule und Lehrer, redeten über Computer und Traumberufe, und ich hatte Gelegenheit, dieses Kind, diesen Märchenprinzen, zu betrachten. Aschenbachs Tadzio. Der schöne Knabe.

Auch mein liebes Söhnchen Jakob kam täglich zu Besuch. Er hatte schon einmal mit seinem Krankenbesuch ein bemerkenswertes Erfolgserlebnis gehabt und damit eine Erfahrung gemacht, die er bei meinen reichlich vielen Klinikaufenthalten mit Freude wiederholte. Damals hatte ich meiner Familie verboten, mich im Krankenhaus zu besuchen. Ich wollte ihnen den Anblick einer über das Waschbecken gebeugten und von Brechreiz geplagten Mutter und mir selbst die Anstrengung zu einem gequälten Lächeln ersparen. »Lasst mich mal jetzt eine Zeit lang in Ruhe. Ich bin ja bald wieder zu Hause«, sagte ich. Und alle hielten sich schweren Herzens an die Bitte.

Außer Jakob. Der machte sich nach der Schule auf den weiten Weg zum Krankenhaus. Er fuhr sogar eine Strecke mit dem Bus. »Wie, ohne Fahrkarte?« »Nein, ich hatte eine Fahrkarte«, sagte er. »Woher hattest du denn die Fahrkarte für den Bus?« »Also, da stieg eine Frau aus, und die habe ich angelächelt und gefragt, ob sie mir ihren abgefahrenen Schein gibt. Und der war ja noch gültig, weil – der gilt doch für die ganze Strecke. Damit bin ich dann weitergefahren.« Ganz schön clever für einen Erstklässler, fand ich.

So kam er bis zum Krankenhaus, machte sich ganz klein und krumm, so dass er mit seinem Schulranzen unter dem Fensterbrett der Rezeption durchwitschen konnte. Der Pförtner hätte zwar nichts gegen ihn gehabt, glaube ich, denn der wusste ja nichts von meinem Verbot. Aber der

Knirps hatte wohl vermutet, dass das ganze Krankenhaus sich Besuche unserer Familie verbeten hatte. So ein Verbot reizt natürlich noch mehr. Und deswegen machte er sich auf ins feindliche Sperrgebiet. Und natürlich wollte er seine liebe Mami sehen, weil sie die einzige war, die alle die Horrorgeschichten noch nicht gehört hatte und die alltäglichen Schwierigkeiten nicht kannte, mit denen man sich seit ihrer Abwesenheit herumplagen musste. Zum Beispiel, dass die Oma doch tatsächlich... Aber nein, wir petzen nicht.

Ich habe mich damals so gefreut, als der Kleine in der Tür stand. »Wo kommst du denn her?« Und dann habe ich geweint vor Glück und Wiedersehensfreude.

Das war sein großer Triumph! Er hatte es geschafft. Er war als einziger zu seiner Mutter zu Besuch gekommen. Er war der Beste.

Seitdem habe ich nie mehr solche blöden Verbote ausgesprochen. Die Kinder fanden es erstens nicht schlimm, wenn sie mich in einem erbärmlichen Zustand antrafen, und zweitens besonders wichtig und notwendig, dass sie mir dann helfen und beistehen konnten. Hannah war geradezu erleichtert, als sie mich einmal besuchte und ich gerade einen Kreislaufkollaps hatte. Sie hatte nämlich die Schule geschwänzt und war »nur mal eben so« vorbeigekommen. Aber nun hatte es sich doch richtig gelohnt! Sie wurde richtig gebraucht und kam wie eine Krankenschwester zum Einsatz. »Vielleicht habe ich es ja geahnt, dass du mich brauchst«, sagte sie und war ganz glücklich, und eine Super-Entschuldigung für ihr Fehlen in der Schule hatte sie doch nun auch. »Besuch bei der sterbenskranken Mutter« – das ist doch ein Argument, gegen das kein noch so strenger Lehrer etwas einwenden kann.

Ja, mein derzeitiges Prominenten-Zimmer mit rosa Bad war in der Tat der ideale Rahmen für Besuche. Strömt herbei, ihr Völkerscharen. Ich thronte im Bett und hielt Hof.

Jakob kam täglich. Seine Schule lag in der Nähe, und so konnte er in den großen Pausen und in den Freistunden schnell vorbeischauen und seinen Frust abladen und sich beschweren. Er beschwerte sich über alles und über jeden. Die Welt ist ja so schlecht. Daraufhin pflichtete ich ihm zwar meistens nicht bei, gab ihm nur hin und wieder recht, entschuldigte jeden und alles, baute aber den Sohnemann wieder auf und schickte ihn ins Leben hinaus. Auch an den Wochenenden kam er, allerdings »völlig fertig und am Boden zerstört«, ins VIP-Zimmer und berichtete haarsträubende Dinge von seinem derzeitigen Nebenjob. Er hatte mit einem Kumpel ›was ausgefressen‹ also, er war ganz schuldlos und irgendwie unglücklich in die Sache hineingeschliddert, ehrlich, und musste als Strafe dafür während der Freizeit, also an Samstagen und in den Ferien, in einem Tierheim helfen. Das hatte er sich aus dem Angebot herausgesucht. Unter allen Möglichkeiten, gut gekleidet (das ist sehr wichtig!) eine verantwortungsvolle soziale Aufgabe zu erfüllen, fand er das Tierheim am passendsten.

»Und was machst du da?«

»Karnickelställe ausmisten, Hunde ausführen, Kätzchen füttern«, sagte er.

»Aber das ist doch wunderbar«, sagte ich milde und in meinem rosa VIP-Ambiente natürlich ahnungslos und fernab der rauhen Wirklichkeit. »Das finde ich schön. Außerdem bist du doch so tierlieb. Es ist eine sinnvolle Aufgabe, herrenlose Hunde zu betreuen, ausgesetzte Tiere zu pflegen und sich um die Kreatur zu kümmern. Eine wirklich schöne Arbeit.«

»Isses nicht«, sagte er müde, »ich miste nämlich nur Karnickelställe aus.«

* * *

Das Festgewand

Da saßen nun Sultana und ihr Achmed an meinem Krankenhausbett und schilderten in leuchtenden Farben die bevorstehende Reise nach Ägypten. Die Riesenstadt mit ihren Museen lockte, der Schatz des Tut-ench-Amun, die Pyramiden, der große Bazar Khan-el-Kalili. Und dann wollte man abends den Auftritt einer der großen Tänzerinnen mit ihrem eigenen ägyptischen Orchester und in ihrer typischen Umgebung sehen.

Da musste ich mitreisen! Ich wollte mit! Ich wollte unbedingt mit. Ich wollte so gerne sehen, wie diese berühmten Ägypterinnen tanzen. Ihre klingenden Namen hatte ich manchmal gehört. Nagua Fuad, Fifi Abdo… Wir hatten uns Filmaufzeichnungen von ihnen angesehen und ihre Tanzkunst bewundert. Jede hatte ihren eigenen Stil, ihren ganz unverwechselbaren Tanzstil. Wie die Teilnehmerinnen in Sultanas Kurs: Dort hatte auch jede ihren eigenen »Kick«. Eva konnte sich wunderbar geschmeidig drehen und mit dem Schleier zauberhafte Figuren machen. Manuela bewegte sich wie ein Bühnenstar – selbstbewusst und sicher. Christine konnte die schönsten Armbewegungen machen, Vogelflug, Schlangenarme… Heike zeigte den perfekten Hüftshimmy: wir waren hingerissen!

Wir hatten auch die Kostüme der ägyptischen Profis bewundert und davon geträumt, wie wir wohl in solchen Gewändern aussehen mochten, welche Farbe jeder von uns am besten stehen würde und wie wir uns sonst noch schmücken würden.

Das Schöne an dem phantasievollen orientalischen Tanz

war, dass er so viel Kreativität weckte. Alle verschütteten Träume wurden bei der Musik wach. Alle gestorbenen und begrabenen Sehnsüchte waren wieder da: Sehnsucht nach Ferne, nach Schönheit, nach Bewegung, nach Ganzsein, nach Harmonie, Einklang und Wohlbefinden von Körper, Geist und Seele. Der Psalmist im 87. Psalm sagt: »Sie tanzen im Reigen und singen: Alle meine Quellen entspringen in dir, o Herr.« Alle meine Quellen entspringen in dir…, sie sind nicht mehr zugeschüttet, versiegt und vergessen. Die Quelle sprudelt wieder. Phantasievolles Training für Körper und Seele. Das Leben kehrt zurück. Du lebst wieder.

»Also, ich bin süchtig, ehrlich, süchtig nach dem Tanz«, sagte Kathrin, »es zuckt ständig in meinen Füßen. Ich kann gar nicht still sitzen. Dabei wollte ich mir doch ein schönes Tanzkleid nähen. In jeder freien Minute setze ich mich hin und fädele Perlen auf, mein kleiner Lukas hilft mir sogar dabei. Er kann mit seinen Fingerchen so fein die Pailletten sortieren, es macht ihm Spaß. Ich erzähle ihm Geschichten von Tausendundeiner Nacht, ich erzähle ihm von fernen Ländern und wie schön ich das Tanzen finde.«

»Ich nähe mir auch gerade ein neues Kleid«, sagte Sultana. »Blau mit grünen Farbtönen, es wird ein Gedicht. Da werdet ihr staunen. Beim nächsten Fest könnt ihr's sehen.«

Sandra erzählte, dass sie ständig Ausschau hielte nach orientalischen Accessoires. »Jetzt habe ich was Tolles gefunden! Meine Oma hatte nämlich so eine alte Lampe, wisst ihr, so eine mit weißem Schirm und Perlenfransen dran. Die hab ich meiner Oma abgebettelt. Wegen der schönen Perlenbordüre. Wollt ihr mal sehen, was ich daraus gemacht habe?« Sie hielt triumphierend ihren Rock und den kostbaren Perlengürtel hoch.

»Bist du wahnsinnig? Die schöne alte Lampe! Das kannst du doch nicht machen!«

»Hab ich aber gemacht. Wenn die Perlen doch jetzt viel mehr zur Geltung kommen…« Sie hatte sich ihren Traum eben so verwirklicht.

Mein Traum war blau. Ich träumte von einem langen blauen Kleid, und ich wusste, wenn ich es trage, werde ich gesund, nein, dann bin ich endgültig gesund. Der blaue Traum war mein seelisches Immun-Kleid. Es war nur einigermaßen schwierig, meinen Traum zu verwirklichen. Wie gerne hätte ich mit meinen Kindern goldene Perlen aufgefädelt, wie gerne hätte ich Omas Perlenbordüren von verstaubten Lampen abgetrennt und mir an einen Gürtel genäht! Oder wie gerne würde ich mit nach Ägypten reisen und mir so ein schönes Gewand nähen lassen, so ein echtes Kleid, wie es die Tänzerinnen trugen. Einen Traum in blau…

Ich meldete mich bei Sultana für die Studienreise an und hoffte und wünschte, dass ich bis dahin reisefähig wäre, dass mich keine offene Operationswunde mehr abhalten könnte, dass ich dabei sein dürfte. In dieser Zeit habe ich nie mehr an Krebs gedacht, an Tod und Krankheit und Schmerzen. Niemals. Ich dachte nur daran, wie ich in meinem blauen Rock tanze, wie die goldenen Ornamente glänzen und wie der blaue Schleier um mich herumweht. Welch wunderschönes Bild!

Der Reisetermin rückte heran. Meine Hoffnung und Wünsche hatten sich leider nicht erfüllt. Ich lag in der Klinik.

Sollte ich deswegen aufgeben? Eigentlich konnte ich mich doch freuen, dass alle Maßnahmen der Chirurgin so schnell und ohne Komplikationen verlaufen waren. Es grenzte ja fast an ein Wunder. Ich war ja auch froh und dankbar… Aber mein Kleid! Mein schönes blaues Kleid. Den Traum vom Kleid und die Reise nach Ägypten und das Flugticket, sollte ich das alles so einfach vergessen und aufgeben und verschmerzen?

Da entschloss sich mein Mann, für mich einzuspringen. Er regelte kurzerhand die Vertretung für die Woche seiner Abwesenheit in der Kirchengemeinde und reiste mit Sultanas Gruppe nach Ägypten, um meinen blauen Traum zu erfüllen.

Ich war so gerührt und kam mir vor wie der König im Märchen, der auf seinem Krankenbett liegt und seine Boten ausschickt, um irgendein kostbares seltenes Ding zu suchen, das allein ihn vor dem Tode bewahrt und wieder gesund machen kann. Was immer das im Märchen sein mag: eine blaue Blume, ein Lebenswasser, eine Perle, eine Wundermedizin – für mich war es das blaue Gewand. Ein blaues Kleid als Wundermedizin, Heilpflanze, Lebenselexier. Das blaue Kleid würde mich sofort gesunden lassen. Ich wusste, dass es mich sofort wieder auf die Beine bringen würde. Ich freute mich so sehr darauf und stellte mir vor, wie schön es aussehen würde und wie ich damit herumwirbeln würde.

Ich wartete eine Woche, begleitet von den schönsten Traumbildern und Gedanken.

Manchmal musste ich auch lachen, weil es sicher einmalig ist, dass ein Pastor außer dem Besuch des ägyptischen Nationalmuseums und der koptischen Kirche, der Pyramiden und der anderen Sehenswürdigkeiten dieses märchenhaften Landes auch noch einen Einkauf bei dem ägyptischen Schneider Mahmoud-abd-el Gaffar tätigt, um dort ein blaues Kleid mit goldenen Stickereien für seine krebskranke Frau zu erwerben. Ich musste lachen, als mir bewusst wurde, dass es sicher wenige Pfarrer gibt, die mit einem Bauchtanz-Kurs nach Kairo reisen und einen Schultershimmy und einen Hüftdrop, einen Kamelgang, eine Serpentinenrolle und irgendwelche Schleifchen zu unterscheiden wissen.

Das fand ich amüsant und rührend.

Über dem Arbeitsplatz im Pfarrbüro hängt ein Bild mit einem alten Spruch, gotisch geschrieben, antiquiert und oft belächelt von den jungen fortschrittlichen Amtsbrüdern. Da steht, verfasst von Dietrich Vorwerk:

Des Pfarrers Predigt an sich selbst

Ein Pfarrer muss sein
ganz groß und ganz klein:
Vornehmen Sinnes wie Königsgeschlecht,
Einfach und schlicht wie ein Bauernknecht;
Ein Held, der sich selbst bezwungen,
Ein Mensch, der mit Gott gerungen;
Ein Quell von heiligem Leben,
Ein Sünder, dem Gott vergeben;
Ein Herr dem eignen Verlangen,
Ein Diener den Schwachen und Bangen;
Vor keinem Großen sich beugend,
Zu den Geringsten sich neigend;
Ein Schüler vor seinem Meister,
Ein Führer im Kampf der Geister;
Ein Bettler mit flehenden Händen,
Ein Herold mit goldenen Spenden;
Ein Mann an den Kampfesstätten,
Ein Weib an den Krankenbetten;
Ein Greis im Schauen,
Ein Kind im Trauen;
Nach Höchstem trachtend,
Das Kleinste achtend;
Gestimmt zur Freude,
Vertraut dem Leide,
Weitab vom Neide;
Im Denken klar,

Im Reden wahr;
Des Friedens Freund,
Der Trägheit Feind;
Feststehend in sich,
Ganz anders als ich.

Verstehen Sie jetzt, was mich so zu Tränen rührte?

Und erst einmal das Wiedersehen nach diesem Ausflug! Gleich nach der Ankunft auf dem Flughafen kam der »Herold mit goldenen Spenden« in die Klinik, schleppte eine Tasche mit Herrlichkeiten herbei und breitete den blauen Traum und das Geklimper und Geglitzer auf dem Krankenbett aus. Alle Krankenschwestern standen um die Pracht herum und staunten und freuten sich mit uns. »Kann ich mal anprobieren?« »O, sieht das schön aus.« »O, welch exotischer Duft!« Statt im sterilen Krankenzimmer befanden wir uns plötzlich alle in einem arabischen Palast. Sogar die Ärzte ließen sich zu bewundernden und positiven Ausrufen hinreißen: »Und wissen Sie, es fördert den Heilprozeß ungemein, wenn ein Patient sich so freut…!« Kein Mensch redete mehr von Krebs und von Schmerzen.

Ja, ich wollte sofort gesund sein und den blauen Rock anziehen und die Perlen und den Gürtel anlegen! Ich glaube, ich wurde auf der Stelle gesund. Der ungemein geförderte Heilprozess war auf der Stelle eingetreten.

Endlich kam ich aus meinem ewigen T-Shirt-Sack heraus! Endlich konnte ich mir einen klimpernden Münzgürtel mit bunten Perlen umlegen. Ich ging ganz anders, als dieser schwere Gürtel auf den Hüften saß. Der Gang wurde wiegend wie bei einem Cowboy, der seinen Patronengürtel mit den schweren Revolvertaschen trägt. Wiegend versuchte ich meine ersten Schritte auf dem Korridor der chirurgischen Station. Eine Patientin im steifleinenen Operationshemd mit Hausschuhen und Pflastern hat sich einen goldenen Klimpergürtel um die mageren Hüften gelegt und geht wiegend den Korridor auf und ab. Ich war so glücklich.

Was mag Martin Luther wohl gemeint haben, als er den Vers im 30. Psalm übersetzte, der so schön heißt: »Du hast mir meinen Sack ausgezogen und mich mit Freude gegürtet.« Was mag er sich da vorgestellt haben?

* * *

Gebt mir mein Stichwort!

Die Termine hatten sich total verschoben. Und zwar nach vorne. Ich heilte einfach zu schnell, es ging einfach alles schneller als erwartet. Die Haut hatte sich durch den Expander überraschend schnell und phantastisch gedehnt, der Gesundheitszustand hatte sich gut stabilisiert, die Termine für weitere Operationen fielen überaus glücklich. Deshalb wurde ich mitten im frohen Schaffen wieder in die Klinik gerufen, wohin ich auch gerne wieder ging. Nur musste ich noch… nein, kein Fuder Ochsen kaufen, niemanden verheiraten und auch niemanden bestatten. Nur noch mit unserem Marionettentheater eine Aufführung über die Bühne bringen. Das hatten sich die Schauspielerkollegen und Mitspieler nämlich so ausgedacht.

Sie kamen eines Tages an und erklärten, dass ich die Mutter Courage in Brechts Stück spielen sollte.

»Was soll ich machen?« fragte ich ungläubig. »Kinder, ich liege hier für tot mit diesem schrecklichen Krebs darnieder. Ich kann jetzt nicht Theater spielen. Nein, das schlagt euch mal aus dem Kopf.«

Aber sie waren felsenfest davon überzeugt, dass ich die Mutter Courage spielen müsste. Sie sagten gar nicht, dass nur ich alleine das so gut könne oder so. Kein Schleimen, keine Schmeichelei. Sie sagten nur, dass ich das spielen müsste. Und sie überzeugten mich davon. Besonders weil ich merkte, dass sie keine pädagogische Absicht damit verbanden. Es steckte überhaupt keine Absicht dahinter, so ungefähr, dass sie meinem Leben noch einmal einen Sinn und mir noch einmal eine Aufgabe geben wollten, durch die ich wieder Spaß am Leben bekommen würde. Ich hätte das bestimmt gewittert und gemerkt, wenn sie mit ihrem Vorschlag beabsichtigt hätten, mir noch eine Freude zu machen, bevor ich von ihnen scheide. »Wir wollen unserer Mutter und unserer Lehrerin noch einmal beweisen, dass sie gebraucht wird und nicht überflüssig ist.« Also, wenn ich das gespürt hätte, dann wäre ich nicht darauf eingegangen.

Aber sie meinten es ganz ehrlich.

Meine Kinder, meine Schüler, meine ehemaligen Schüler.

Ein schönes Projekt hatten wir da mit unserem Marionettentheater. Es hatte damit angefangen, dass Heinz sagte, er bastele sich jetzt sein eigenes Papiertheater. Unser Papiertheater zu Hause sei ja ganz schön, aber er brauche eine eigene kleine Probebühne und wolle dafür kein Geld ausgeben. So plante und bastelte er also aus einem Schuhkarton seine Modellbühne, verstärkte die Seitenwände, erweiterte die Grundkonstruktion des Schuhkartons, zog Verstrebungen ein, kaufte Eisenschienen (die die Auslagen für ein vorgefertigtes Papiertheater bei weitem überstiegen), ließ sich einen roten Samtvorhang nähen... Alles wurde immer größer, immer perfekter, immer schöner. Und eines Tages hatte er ein wunderschönes Marionettentheater gebaut.

Das Ensemble für unser »Literarisches Figurentheater« war auch bald gefunden, lauter erstklassige Schauspieler mit hohen Idealen und feuriger Begeisterung, dafür ohne Honorarverträge und ohne geregelte Arbeitszeit: Klaus, Harry, Wolfgang, Simon, Stefan, Tobias und Sandra, Eunike, Eva.

Das erste Theaterstück sollte also Brechts »Mutter Courage und ihre Kinder« sein. Episches Theater mit dem Verfremdungs-Effekt. Unsere Aufführung wurde dem in hohem Maße gerecht, denn sie war so konzipiert, dass wir den größten Teil der Handlung mit den Marionetten (Modellcharakter!) spielten, bei Dialogen und bei den Songs aber »aus der Rolle fielen« und vor die Bühne traten (»Glotzt nicht so romantisch!«) und dort, den Zuschauern gleichsam auf die Pelle gerückt, agierten.

Und so hatte ich mit meinen Songs und meinen Texten und Live-Auftritten sowie mit meiner Marionette nicht nur den Kopf voll, sondern auch alle Hände voll zu tun und alle Fäden in der Hand. Unsere Puppen hatten wir genauso ausstaffiert, wie wir als Schauspieler auftraten, sie trugen nicht nur dieselbe Kleidung, sondern vor allem unsere Gesichtszüge und unsere Frisur. Jeder Spieler hatte seine Puppe aus Pappmaché selbst geformt und ihr seine charakteristischen Züge übertragen. Wir hielten unsere Geschöpfe also an den Fäden in der Hand (wir hatten ihr Schicksal in der Hand; ihr Leben hing am seidenen Faden, der allerdings aus PVC und höchst strapazierfähig war), hängten sie manchmal aber auch an den Schnürboden (hängten alles an den Nagel) und sprangen nach vorne, um dort, lebendig geworden, weiterzuspielen.

Mir kam dieses Tun so symbolisch vor. Ich be»griff« beim Spielen mit der Marionette, für die ich verantwortlich war, dass ich mein Leben selbst in die Hand nehmen kann, dass ich mich nicht wie eine Marionette von anderen kaputtspielen lassen darf, dass ich nicht gelebt und gedacht werden will, sondern selber lebe. Wenn ich meine Puppe an den Fäden bewegte, hatte ich solche Sehnsucht nach dem Leben. Ich war glücklich, wenn ich mit den jungen Leuten schreien und streiten und lachen konnte und manchmal hysterisch wie die andern werden durfte: »Ich schmeiß den Kram hin! Ich steige hier aus! Ich mach nicht mehr mit. Ohne mich!«

Ja, meine Puppe, das war ich. Mutter Courage, das war ich.

»Einst im Lenze meiner jungen Jahre
Dacht auch ich, dass ich was ganz Besondres bin.
Nicht wie jede beliebige Häuslerstochter
mit meinem Aussehn und Talent und meinem
Drang nach Höherem!
Alles oder nix,
jedenfalls nicht den Nächstbesten,
ich lass mir keine Vorschriften machen!...«

Und statt mich um den Krebs, um meinen Tumormarker und meine vernachlässigte Familie, die halb verhungerten Kinder, Hunde und Hühner zu kümmern, lernte ich meinen Text und probte auf den Brettern, die die Welt bedeuten. Manchmal trafen wir uns alle in der Küche des Pfarrhauses und probierten dort und aßen Berge von Spaghetti und Salat.

Und am Sonntag war die Aufführung. Am Nachmittag, wir hatten alle schrecklich Lampenfieber, tobte Jakob übermütig im Haus herum und zeigte seine artistischen Kunststücke, um uns zu unterhalten und zu erfreuen (Bei mir erreichte er leider das Gegenteil.). Er sprang kühn und rasant, mehrere Stufen auf einmal nehmend, die Treppe hinunter und konnte mit dem Schwung dann elegant über den gefliesten Flur gleiten wie ein Eisläufer. Surfbretter und Inlineskates gab's damals noch nicht. (Glücklicherweise!) Es sah wirklich toll aus, wie er auf Socken pfeilschnell dahinzischte und lustige Grimassen schnitt und zirkusreife Verrenkungen machte, ein Bein vorgestellt, doppelter Rittberger, dreifacher Salto (fast) mortale. Seine Sprünge und Rutschpartien wurden immer waghalsiger und großartiger, bis er einmal nicht mehr bremsen konnte und durch die Glastür krachte. Die Tür barst, das Glas klirrte, die Scherben flogen. Wir schrien entsetzt auf. Die Splitter waren in die Haut eingedrungen. Blut floss.

Zwei aus der Gruppe griffen beherzt den wilden Burschen und setzten ihn ins Auto, zwei brausten los und fuhren mit dem Verwundeten zur Ambulanz, wo er genäht und zusammengeflickt wurde. Am Sonntagnachmittag! Sowas passiert immer am Sonntagnachmittag. Und abends war dann die Galavorstellung, wo der theatralisch bandagierte Sohn der großen Mimin mehr Aufsehen erregte als diese in ihrer Glanzrolle, die Brecht eigens für sie geschrieben zu haben schien.

Und am nächsten Morgen musste ich in die Klinik, denn diese Brust-Rekonstruktion wünschte ich mir über alles, da lief ich begeistert zu jedem Arzttermin…

»Und vom Dach der Star pfiff:
Wart ein Jahr!«

Nein, ich brauchte kein Jahr zu warten, es lief alles wie geschmiert. Ich erwachte aus der Narkose und dachte, ich befinde mich noch als Mutter Courage im Dreißigjährigen Krieg, irgendwo vor den Toren von Halle, – mein zerfledderter Marketenderwagen mit der stummen Tochter Katrin, der Feldprediger mit seinen zweifelhaften Anträgen, der Koch mit seinen ebenfalls nicht akzeptablen Zweideutigkeiten, alle standen auf der Bühne des Lebens herum – und ich hatte meinen Text vergessen! Ich hing nicht nur an den Schläuchen im OP, ich hing nicht nur wie meine Mutter-Courage-Marionette an den Fäden irgendwelcher Drahtzieher, hing nicht nur mit meinem Leben am seidenen Faden, nein, ich hing vollständig.

Mein Text war weg.

Es war so eine entsetzliche Qual. Ich hing an den Schnüren, aber nichts ging mehr wie am Schnürchen. Ich hing an den Fäden, aber ich hatte den roten Faden verloren. Es war schrecklich, schrecklich, schrecklich.

Es war wie in den qualvollen Träumen, wo das Wort nicht über die Lippen kommt, das Wort, das alle erlösen könnte, das alles erleichtern könnte. Man quält sich und würgt und bringt keinen Ton heraus. Es ist so schrecklich. Sie kennen das.

Ich tauchte aus dem schwarzen Narkosezustand auf und wusste nicht mehr, wie es weiterging. Ich musste doch jetzt meine Puppe hinhängen, nach vorne stürzen, hinein ins volle Menschenleben, und singen! Aber was denn bloß? Was musste ich jetzt sagen oder singen? Da war nichts mehr. Black out. O, diese Qual!... Folter... Marter... Alpdruck...

Und endlich löste sich ein Ton, ich stieß mit schwerer Zunge und unter größten Anstrengungen hervor: » Gebt - mir - mein - Stichwort!«

Niemand reagierte. Die Welt war aus Watte.

Ich schrie, aber ich bildete mir nur ein, dass ich schrie: »Gebt - mir - mal - mein Stichwort!«

Es kam kein Stichwort. Keiner soufflierte. Keiner half mir. Ließen mich einfach hängen.

Ich schrie verzweifelt: »Gebt - mir - doch - endlich - mein - Stichwort!«

Irgendwann kam aus dem Dunkel und aus dem Nebel eine fröhliche Krankenschwester-Stimme und wollte mir klarmachen, dass wir hier nicht auf der Bühne seien, dass es hier kein Stichwort gebe, dass ich aufwachen soll, dass ich im Krankenhaus und die Operation prima gelaufen sei. Also doch Dreißigjähriger Krieg. War der immer noch nicht zu Ende?

Die Ärztin aber war sehr beeindruckt von meinem Auftritt in der Chirurgie. »So hat noch nie ein Patient reagiert«, sagte sie. »Es ist doch sehr sinnvoll, nach einem Stichwort zu fragen, wenn man den Anschluss ans wirkliche Leben sucht. Ich fand das hinreißend und tiefsinnig.«

Tja, das war eine tolle Frau, diese Chirurgin.

Aber Mutter Courage ist noch besser.

In unserer Inszenierung wird sie zum Schluss im Rollstuhl hereingekarrt. Eine gescheiterte Existenz, ein Wrack. Krampfhaft hält sie die Plastiktüte mit ein paar geretteten Habseligkeiten an sich gepresst. Sie hat nichts gelernt, nichts. Will noch immer ihren Schnitt und gute Geschäfte machen. Damit aber nicht jeder gleich merkt, wie uneinsichtig sie ist, trägt sie eine Maske. Wunderschön. Aus weißen Federn. Unschuldweiße Federn einer weißen Friedenstaube. Die Kriegsgewinnlerin verkleidet sich als weiße Friedenstaube, lässt sich ins Kriegsgeschehen karren, um dort weiter mitzumischen, und schmettert:

»Mit seinem Glück, seiner Gefahre
Der Krieg er zieht sich etwas hin.
Der Krieg er dauert hundert Jahre
Der g'meine Mann hats kein Gewinn…
Jedoch vielleicht geschehn noch Wunder
Der Feldzug ist noch nicht zu End!«

Nein, da bin ich im falschen Stück gelandet. Das sing ich nicht mehr. Gebt mir ein anderes Stichwort. Gebt mir mal ein Stichwort!

»Das Frühjahr kommt…«, wird geflüstert. Das ist das bessere Stichwort! Darauf habe ich gewartet! Das ist's. Da singe ich weiter: »…Wach auf, du Christ!

Der Schnee schmilzt weg. Die Toten ruhn.
Und was noch nicht gestorben ist,
Das macht sich auf die Socken nun.«

* * *

Knoten im Lebensteppich

Einmal, ein einziges Mal während der verschiedenen Krankenhausaufenthalte, hat mich eine Krankenhausseelsorgerin besucht. Ich hab mir das immer so sehr gewünscht. Ich hätte so gerne mit jemandem gesprochen, der Gott liebt. Aber es kam nie jemand vorbei.

»Sie sind zu kurz hier auf der Station«, sagte eine Schwester. »Bis Sie datenmäßig erfasst sind, haben Sie das Hospital schon wieder verlassen.«

»Kann man denn nicht gleich seine Adresse und die Bitte um einen Besuch bei der Aufnahme abgeben?«

»Nein, das wird alles anders gehandhabt. Da spielt der Datenschutz eine Rolle.«

Der Datenschutz, haha.

»Und außerdem«, sagte die Schwester, »Sie brauchen doch keinen Seelsorger, Sie sind doch mit einem Pfarrer verheiratet…«

Aber einmal besuchte mich doch eine Pastorin. Sie kam ins Zimmer und begrüßte uns, zwei Patientinnen mit Krebs, und hatte für jeden ein gutes Wort. Und das war glaubwürdig. Das war nicht so an den Haaren herbeigezogen. Das war nicht abgegriffene Münze, oder wie meine Schüler es ausdrücken: abgelutscht. Nein, sie sagte nichts Abgelutschtes. Sie sagte nicht: »Das wird schon wieder«, oder »Sie sind ja noch jung« oder »Sie werden noch gebraucht« oder »Denken Sie positiv!« Eigentlich sagte sie gar nichts dergleichen, aber ich hatte das Gefühl, dass sie uns verstand.

Diese Frau gefiel mir. Sie war ehrlich, sympathisch,

glaubwürdig. Außerdem gefielen mir ihre schlanken kühlen Hände, die mich an einen Krankenhausaufenthalt in meiner Kindheit erinnerten, wo eine sanfte Diakonisse mich freundlich und gütig »behandelt« hatte.

»Ach, bitte, bleiben Sie noch ein bisschen. Ich möchte gerne mit Ihnen reden. Sie sagen alles so überzeugend. Ihr Trost tröstet wirklich. Und Sie machen einem wirklich Hoffnung, ohne man dass man die Realität vergisst.«

Sie lächelte. »Ja, ist das so?«

»Ja, das empfinde ich so«, sagte ich. »Woran liegt das, dass man Ihnen am liebsten gleich die ganze Lebensgeschichte erzählen möchte?«

»Das liegt daran, dass ich selbst Betroffene bin«, sagte sie und setzte sich auf einen Stuhl, den sie ans Krankenbett herangezogen hatte. »Ich weiß, wovon ich rede. Ich kann Sie sehr gut verstehen.Und ich habe selber einen langen Weg bis zu der Einsicht gehabt, dass Leiden und Krankheit ihren Sinn haben. Es hat lange gedauert, bis ich begriff, dass Gott es gut mit mir, mit uns Menschen meint…«

»Ja, das sieht man meistens erst hinterher.«

Sie nickte: »Ich habe einmal in den Ferien einer alten Frau zugesehen, die an einem Teppich arbeitete. Sie saß auf einem Stühlchen vor ihrem Haus in der Sonne und ordnete mit flinken Händen die bunten Fäden. Ich wollte sie fotografieren und stand ihr gegenüber, so dass ich von dem Teppich nur die Rückseite sah. Und diese Rückseite war dermaßen verwirrend und unansehnlich, wissen Sie lauter Knoten und Wollfäden, überhaupt kein erkennbares Muster. Das wäre ein schlechtes Bild, dachte ich, und bat die Frau, für mein Foto ihre Arbeit einmal umzudrehen und dem Betrachter hinzubreiten. Diese Wende, wenn ich es einmal so nennen darf, brachte die größte Überraschung mit sich: Der Teppich war wunderschön! Er hatte eines dieser traditionellen Muster, farbenfroh und symbolträchtig.

Ich war begeistert. Ich war wirklich überrascht, denn ich hatte nichts Besonderes erwartet, weil ich nur die Rückseite gesehen hatte. Aber von der Seite des Frau aus, mit ihren Augen gesehen…«

»Ja, das kann ich mir vorstellen. Und die alte Frau kannte ja auch das Muster, hatte die Figuren und Ornamente im Kopf und wusste, wie es weitergeht. Sie hatte den zukünftigen fertigen Teppich im Auge, sie sah ihn schon fertig.«

»Darüber habe ich viel nachgedacht«, sagte die Pastorin, »und ich glaube, dass Gott auch das Muster unseres Lebens kennt, den Lebensteppich jedes Menschen. Er sieht ihn fertig und vollkommen vor sich, während wir nur verwirrte Fäden und Knoten entdecken und nicht wissen, was das alles soll.«

»Knoten«, sagte ich, »Knoten…«

In ihrem Leben sei es so gelaufen, sagte sie. Sie habe mit großen Schwierigkeiten ihr Studium der Theologie absolviert. Als einziges Kind einer Kriegerwitwe musste sie sich ihr Studium selbst finanzieren. Das war oft bitter, aber sie wollte der armen Mutter nicht zur Last fallen. Außerdem hatte sie mit vielen Widerständen zu kämpfen, weil es damals recht unüblich war, dass Mädchen studierten und Pfarrerin werden wollten. Dann kam die harte Vikarszeit und die Ausbildung auf dem Predigerseminar. In dieser Phase der höchsten Anspannung und der größten Zweifel, kurz vor dem zweiten Examen, suchte sie wegen ihrer ständigen Niedergeschlagenheit und undefinierbaren Übelkeit einen Arzt auf. Sie schämte sich sehr, dass sie so kurz vor dem Ziel bekennen musste, dass sie nicht mehr weiter könne. Sie fürchtete, dass der Arzt ihr etwas von Examensphobie erzählen würde. Aber der Arzt nahm sie sehr ernst, prüfte alles gründlich und entdeckte nach langen Untersuchungen, dass sie Brustkrebs hatte.

»Ich habe mit ihm vereinbart, dass wir nichts davon an

die Öffentlichkeit dringen lassen«, sagte sie. »Ich wollte durchhalten und das Examen hinter mich bringen. Wenigstens dieses Ziel erreichen. So lange müsste der Tumor noch bleiben. Er hatte viele Jahre gebraucht, um zu wachsen und so groß zu werden, dann würde es auf einige Tage oder Wochen auch nicht mehr ankommen.«

»Das muss ein kluger Mann gewesen sein, dieser Arzt«, sagte ich, »dass er so viel Verständnis und Einsicht hatte. Bei mir haben sie gleich das Messer gewetzt und zugeschlagen, bevor ich zur Besinnung kam. Dabei ist doch wirklich keine Notoperation erforderlich. Aber das habe ich auch erst später erfahren. Trotzdem müssen Sie viel durchgemacht haben, mit so einer Krebsdiagnose im Nacken ins Examen gehen.... Predigten halten..., oweh...«

»Ja, es war eine schlimme Zeit. Vor allem deshalb, weil ich die Welt nicht mehr verstand, das heißt, weil ich Gott nicht mehr verstand. Ich hatte mich so viel gequält, um einen Beruf zu ergreifen, mit dem ich ihm dienen konnte, und nun war alles zunichte gemacht. Diese Diagnose machte einen Strich durch die ganze Rechnung. Was sollte denn diese Krankheit, die zum Tode führte? Warum sollte mein Leben beendet sein, bevor es überhaupt angefangen hatte? Warum hatte ich so viel studiert und über Gott nachgesonnen und musste nun vor seiner Unbegreiflichkeit kapitulieren? Warum hatte ich gelernt, wie man Gottesdienst feiert, wie man sein Wort versteht und auslegt, wie man andere tröstet und wie man Nachfolger für Christus gewinnt – alles Aufgaben, die ich so gerne übernehmen wollte, für die ich lebte. Ich wollte doch Gott loben und preisen. Ich wollte von ihm reden. Und nun vernichtete er mich, bevor ich überhaupt beginnen konnte.«

Sie sprach Gedanken aus, die mich auch lange bewegt hatten. Der 30. Psalm, mein schöner Lieblingspsalm, sagt:

»Durch deine Güte, Herr, stand ich fester als die Berge.
Doch dann verbargst du dich vor mir und stürztest mich in Angst und Schrecken.
Ich schrie zu dir um Hilfe, Herr, und fragte dich:
Was nützt es dir, wenn ich sterbe,
wenn ich ins Grab hinunter muss?
Kann einer dir auch dann noch danken,
wenn er zu Staub zerfallen ist?
Kann ein Toter deine Treue preisen?
Herr, hab Erbarmen, höre mich,
sei du mein Helfer, Herr!«

Die Krankenhausseelsorgerin sagte, als setze sie mit ihrer Lebensgeschichte den Psalm fort: »Das Examen habe ich noch gemacht, aber bei der Mitteilung, dass wir die Prüfung bestanden und das Ziel erreicht haben, bin ich zusammengebrochen. In der folgenden Zeit kam dann die Operation, anschließend die Chemotherapie, es kamen Rezidive, es kamen Rückschläge, ich war wirklich am Ende, ich kam mir vor wie Hiob. Aber dann eines Tages, in der größten Hoffnungslosigkeit, schrieb mir der Oberkirchenrat, dass sie für mich die Stelle einer Krankenhauspfarrerin vorgesehen haben. Diese Nachricht erfüllte mich mit neuem Mut, weil ich merkte, dass man mich noch nicht abgeschrieben hatte. Ich begann zu hoffen und lebte wieder auf.«

»Eine wunderbare Wendung.«

»Ja, genau, eine Wendung. Es war die Wende. Der Teppich hatte sich umgewendet. Der Teppich meines Lebens lag plötzlich anders vor mir, vielleicht so, wie Gott ihn ansieht, seine Seite mit dem Muster war plötzlich zu erkennen. Ich starrte nicht mehr die Knoten und Verwirrfäden an, sondern sah den tiefen Sinn in all dem, was mir widerfahren war, in all den verwirrenden Geschehnissen und unverständlichen Dingen, die ich mit dieser Krebserkrankung erfahren hatte.

Als Krankenhausseelsorgerin musste ich alle diese Ängste und Schmerzen und Zweifel durchleben und durchmachen, damit ich die Menschen, mit denen ich zu tun habe, auch wirklich verstehe. Hätte ich nicht dieses ›finstere Todestal‹ durchschritten, wäre ich ein ›tönend Erz und eine klingende Schelle‹. Ich musste diesen Weg gehen, denselben Weg wie Sie, das gehörte zu Gottes Plan, zu meiner beruflichen Ausbildung, denke ich. Das habe ich letztlich eingesehen und bin zutiefst dankbar dafür.«

Sie schwieg eine Weile. Dann sagte sie: »Einmal hat eine krebskranke Patientin zu mir gesagt, dass sie sich nur von jemand verstanden fühle, der auch Krebs gehabt hat. Nur von einem solchen Menschen würde sie Trost und Hilfe annehmen. Und sie habe gleich, als ich ins Zimmer getreten sei, das Gefühl der Geborgenheit gehabt. An diesem Tag habe ich ›den Knoten‹ in meinem Leben so gesehen, wie Gott ihn gemeint haben mag, und ich habe vor Glück und Freude geweint.«

* * *

Wenn das Fest vorüber ist

»Der Festzug ist vorüber, die Menge zerstreut sich«, deklamierte ich am offenen Fenster, wo wir ein paar Stunden dem Fastnachtsumzug – am Rhein heißt es natürlich Karnevalsumzug – zugesehen hatten, winkend, lachend, nach den Süßigkeiten greifend, die unters Volk geworfen wurden. Manchmal hatten wir Bekannte entdeckt oder sie uns. Dann riefen wir uns launige Grüße zu. Hinterher, wenn sie außer Sichtweite waren, erzählten wir uns über diesen und jenen, über diese und jene. Ach, es war eine Lust, so im Fenster zu liegen, schön gemütlich auf die Ellenbogen gestützt.

Aber nun war der letzte maskierte Rosenmontagsnarr verschwunden, die Orchesterklänge verhallten, das närrische Treiben war vorbei. Ende.

»Ein Reporter würde doch jetzt sagen: Der Festzug ist vorüber, die Menge zerstreut sich«, wiederholte ich.

»Die Menge zerstreut sich immer«, sagte meine Schwester. »Die Menge sollte sich lieber sammeln, anstatt sich ständig zu zerstreuen. Zerstreuen hat seine Zeit, Sammeln hat seine Zeit...«

»Was du immer für Sprüche drauf hast. Aber sieh dir das da draußen mal an: Wenn so ein Festumzug vorbei ist, dann gibt es keinen geordneten Rückzug, sondern eher ein chaotisches Durcheinander wie bei einer verlorenen Schlacht auf einem Schlachtfeld.«

»Schlachtfeld ist gut!« Wir betrachteten die Papierfetzen und Konfettireste, die leeren Bierdosen und herumkullernden Flaschen, sowohl die ausgetrunkenen als auch die vollen, die schwankenden Gestalten auf dem Heimweg.

Die Zuschauer, die vorher fröhlich am Straßenrand gestanden und den kostümierten Gruppen zugejubelt hatten, schlenderten über die zur Fußgängerzone gewordene Fahrbahn, hierhin und dorthin, scheinbar ziellos, aber fast alle in der Gegenrichtung. Ja, das stimmte wirklich: Es war der Rückzug nach der Schlacht. Die lachenden Gesichter von vorhin waren ihnen abhanden gekommen, alle gingen ernst und verbissen über die bunten Bonbonpapierchen und Luftschlangen hinweg ihrem Alltag entgegen.

Das Fest war vorbei.

»Ein blödes Gefühl. Als falle man in ein Loch«, sagte meine Schwester. »Nach all der Anspannung so eine lähmende Windstille.«

»Ja, ein ganz unbehagliches Gefühl«, sagte ich und dachte an die schlimmen Wochen und Monate der letzten Zeit, wo ich mich als »trauernde Hinterbliebene« nach so einem »Festzug« allein gefunden hatte. Alleingelassen und unbehaglich.

Da war zuerst die Großmutter in dem portugiesischen Dorf, die liebe Maria da Lus, das heißt Maria vom Licht, die eines Sonntags friedlich eingeschlafen war. Die Feierlichkeiten bei ihrer Beerdigung verliefen so ganz anders als in Deutschland, denn die Bestattung war gleich am nächsten Tag und wurde mit viel Pomp von einem würdigen Institut geleitet. Ich weiß bis heute nicht, woher die vielen Gladiolen und Gerbera kamen: für jeden Teilnehmer an der Zeremonie gab es einen in Silber- und Glanzfolie gewickelten Strauß, ach was, Strauß! Das war ein Bukett. Außer mir und der Tochter war niemand in Tränen aufgelöst. Sie alle waren gefasst, weil das im Leben nun mal so ist. Die Lus sei ja doch recht alt gewesen, und das sei der natürliche Lauf der Dinge. Ja, die Mentalität der Bauern und Dorfbewohner ist mir bei diesem Sterbefall sehr fremd vorgekommen. Ihr Realitätssinn war beeindruckend.

Dann nahmen sie alle an der kilometerlangen Prozession vom Dorf zum Friedhof im Nachbarort teil. Alle. Jede Familie hatte zumindest einen Vertreter entsandt. Die Schulkinder hatten ab Mittag schulfrei bekommen, um ihre Aufgaben als Messknaben und Fahnenträger (die Kleinen halten immer die Zipfel und Bommeln der Standarten und Banner fest) übernehmen zu können. Es war ein richtiges Fest, aber ohne Leichenschmaus vorher und ohne Abtrunk hinterher. Nach der Beerdigung ging jeder eilig nach Hause, fuhr oder lief, denn es war Zeit zum Füttern und Melken und für alle die lebensnotwendigen Dinge auf einem Bauernhof.

Und ich hatte doch keine Kuh zu melken und kein Schwein zu füttern, ich stand da völlig fremd und verlassen mit meiner Trauer wegen der Lus herum. Das war genau so ein Loch, so eine elende Leere, nachdem der Festzug vorüber war.

Ich kann mich nicht daran gewöhnen, dass nach dem Festzug diese Leere entsteht. Es gibt doch bestimmt Handreichungen für den Umgang mit ferner und ganz fern stehenden Trauernden, die die Familie eines Verstorbenen beherzigen könnte – oder soll ich die mal erfinden und aufschreiben…

Bald darauf starb meine Freundin. Wir hatten uns täglich geschrieben, gefaxt und miteinander telefoniert, trotz der weiten Entfernung. Ich habe sie viele Jahre während ihrer Krebserkrankung begleitet. Diese ständigen Aufs und Abs. Ich habe eigentlich immer an die glückliche Wendung geglaubt; an ihre völlige Genesung. Und dann bekam ich die Todesanzeige. So plötzlich und völlig unerwartet. Nein, daran hatte ich nicht geglaubt, das hatte ich nicht geahnt, ich hatte doch drei Tage vorher noch… Und wir hatten uns sogar zu einem bestimmten Zeitpunkt verabredet zum Beten, sie dort, ich hier. Ich habe so fest geglaubt, dass alles gut wird. Nun hielt ich diese Todesanzeige in der Hand mit einer Schrift, die ich nicht kannte.

Und seitdem habe ich nie mehr etwas von ihrem Mann und von der kleinen Tochter gehört. Ich war eine ferner stehende, viel zu fern stehende trauernde Hinterbliebene. Da stand ich mit meiner Liebe herum wie nach Mutter Lus' pompösem Begräbnis und dachte: »Das Fest ist vorbei, und was mach ich nun?«

Der Vorhang war gefallen.

Noch schmerzlicher war die Geschichte mit Katja. Sie war auch eine Krebsfreundin, und wir hatten uns so gern, dass es die ganze Welt freute und erwärmen konnte. Wir haben uns so viel erzählt und gefragt, wir haben uns Briefe geschrieben und miteinander Bücher gelesen. Je weiter wir voneinander getrennt waren, also, wenn ich in der Klinik war oder sie auf Reisen, desto ehrlicher und offener waren die Briefe. Manchmal kam auch eine längere Sendepause vor. Eine Funkstille trat ein. »Wo bist du gewesen? Wo hast du gesteckt?« Sie war im Urlaub gewesen, hatte ihren Mann begleitet, hatte noch einmal eine Traumreise gemacht.

Und dann rief ich aus einer plötzlichen Eingebung heraus einmal bei ihr an, und eine fremde Stimme sagte, Katja sei gestorben. Seitdem habe ich auch nichts mehr gehört. Keine Anzeige kam, keine Nachricht der Familienangehörigen. Die müssen doch gewusst haben, dass Katja eine Freundin hat. Die müssen doch unsere vielen Briefe gesehen haben. Die müssen doch gemerkt haben, dass ich diesen besonderen Menschen, der ihre Frau und Mutter war, liebte. Was für seltsame Leute, dachte ich. Warum würde eine verwitwete Frau den Kontakt noch eine Weile halten und warum sind verwitwete Männer so wenig mitteilsam? Oder sind sie nur hilflos? Und dass ich doch einen Leitfaden für Witwer, ja, besonders für die Witwer schreiben müsste, damit sowas nicht mehr passiert. Dachte ich. Sagte ich.

Der Schwiegersohn meiner alten Nachbarin könnte den auch gebrauchen. Der baute ein hübsches Haus mit einer Einliegerwohnung für die Mutter seiner Frau, und alle lebten glücklich und gut zusammen, bis die Tochter zum zweiten Mal an Krebs erkrankte und starb. Zuerst führte die Mutter noch den Haushalt, und es war sehr tröstlich, dass der verwitwete Ehemann und die Mutter zusammen weinen und sich an die schönen Zeiten erinnern konnten. Aber dann gingen die Kinder aus dem Haus, und der Schwiegersohn lernte eine Frau kennen, die auch bald zu ihm als Dauergast und Lebensgefährtin kam. Je mehr diese Neue sich etablierte, desto überflüssiger kam sich die alte Dame vor. Sie zog sich mehr und mehr zurück, und es tat ihr weh, wenn alle Bilder, Handarbeiten und Gegenstände im Haus entfernt wurden, alles, was an die erste Frau erinnerte. Bald wurde nicht mehr mit ihr gesprochen, sie musste sich an der Haustür oder telefonisch anmelden, wenn sie mal etwas auf dem Herzen hatte. Und sie fühlte, dass sie nicht mehr geduldet war. Aber wo sollte sie hin? Fürs Altersheim war sie zu vital und jung. Und die Wohnung im Hause war als Alterssitz gedacht, sie war ihr Eigentum. Das alles dachte ich und redete ich vor mich hin und an meine Schwester heran. Ich versuchte, ihr und mehr noch mir selbst einiges zu erklären, wobei wir immer noch im Fenster lagen, mit aufgestützten Ellenbogen, und auf die verlassene Straße mit den paar Heimkehrern und den Spuren eines glanzvollen Umzugs schauten.

»Ja«, sagte ich entschlossen, »ich werde ein paar hilfreiche Tips für Witwer verfassen.«

»Ein Leitfaden für Witwer! Was sie mit den übriggebliebenen Schwiegermüttern und Freundinnen anfangen sollen!« Meine Schwester lachte, sie lachte herzlich und respektlos. »Du siehst es doch selbst, schau hinaus auf die Straße: Wenn das Fest vorüber ist, geht jeder nach Hause. Wenn der Festzug vorbei ist, zerstreut sich die Menge. So ist das nun mal im Leben. Nun hör auf, traurig zu sein. Das Leben geht weiter. Komm, setz dir deinen Hut auf und zieh dir dein Kostüm an. Wir gehen tanzen.«

»Tanzen?«

»Na klar, wir gehen tanzen. Wir tanzen«, sie machte eine Pause, » – vor allem: aus der Reihe.«

* * *

Verschenkte Liebe

Ich sah sie zum ersten Mal in meinem Leben, aber ich kannte sie schon viele Jahre, und ich liebte sie. Ich kann nicht mehr erklären, wie es kam, dass unsere Wege immer mehr aufeinander zu und zusammenliefen, wie Eisenbahngeleise, die dann schließlich in derselben Spur weiterlaufen.

Wir liefen in derselben Spur weiter, die Mutter und ich.

Das stand fest, wir liefen in derselben Spur.

In der Empfangshalle des Seniorenstiftes, wo mein Mann unsere Ankunft gemeldet hatte, wartete ich auf ihr Erscheinen. »Toll!« hatte sie gejubelt, als die Empfangsdame uns angekündigt hatte. Toll, habe sie nur gesagt, und das sei doch für ein Seniorenstift eine ungewöhnlich jugendliche Reaktion, meinte die Dame an der Rezeption und staunte. Ach, ich lächelte, denn ich wusste, dass die Mutter so temperamentvoll reagiert. Aber woher sollte die Empfangssekretärin das wissen? Die bekam ja nicht solche wunderschönen lebendigen Briefe von der Mutter wie ich, beschwingte, mitfühlende, beseelte Liebesbriefe.

Wie sah sie wohl wirklich aus? Ich kannte doch nur Fotos von ihr und hatte mir selbst ein Bild gemacht. Ich würde sie sofort erkennen. Unter Tausenden würde ich sie erkennen.

Da kam sie um die Ecke. Ganz leichtfüßig und anmutig wie ein junges Mädchen. Ihr weiter Rock schwang bei jedem Schritt mit. Sie schien zu schweben. Geht so eine Frau von über achtzig Jahren? Sie freute sich wirklich, begrüßte uns und schloss uns innig in die Arme.

Ja, genau so hatte ich sie immer vor mir gesehen, wenn ich ihre Briefe las, deren zärtliche Sprache so wohltat in der spröden Kälte unserer Umwelt. Genau so mädchenhaft und beschwingt, beinahe bräutlich, das war sie. Eine diamantene Braut war sie.

In ihrer Wohnung im Stift saßen wir zusammen und hatten uns so viel zu erzählen, während wir auf ihren Mann warteten. An den Wänden hingen die Fotos ihrer beiden Kinder. Zwei lachende junge Menschen, beide viel zu früh an Krebs gestorben. Beide hochbegabt und erfolgreich. Schöne fromme Menschen. Das Gesicht der Tochter mit dem beseelten Ausdruck, dem träumenden Mund – wäre ich ihr doch einmal im Leben begegnet! Unsere Lebensläufe weisen so viele Ähnlichkeiten auf: Ich studierte bei denselben Professoren und verehrte dieselben theologischen Lehrer. Ich teilte die Sympathie dieser jungen Frau für dieselben Menschen, machte auch Gedichte wie sie, wenn auch nicht so gute, und liebte genau wie sie bestimmte Gestalten der griechischen Mythologie. Diese junge Frau bezauberte alle Menschen, die mit ihr zu tun hatten. Sie bezauberte einen Dichter, der später über sie ein Hohelied Salomos schrieb, ja, ich glaube, das kann man so nennen. Warum holte Gott diesen jungen Menschen so früh zu sich? Und wie erträgt eine Mutter solchen Schmerz?

Bald darauf wurde ihr auch der Sohn genommen.

In diesem schlichten Satz steckt so viel Herzeleid und Trauer, dass das kein Mensch je wird ausdrücken können.

Viele kannten die beiden Kinder und haben um sie geweint und haben sie vermisst und haben geklagt, weil die Welt so arm und leer ohne ihre Güte, ihre Energie und ihr Lachen ist. Aber wie bewältigt eine Mutter diesen Verlust?

Sie schreibt: »Gottes Weg ist heilig, auch wenn er schwer zu verstehen ist.« Und das ist keine fromme Phrase, sondern gelebter Glaube. Das lebte sie. Sie lebte mit diesem tiefen Glauben im Herzen und versuchte, Gott zu verstehn.

Statt mit Gott zu rechten und zu hadern, schenkte die

Mutter ihre Liebe der einzigen Tochter, die ihr noch geblieben war, den Enkeln und Urenkeln, und allen denen, die diese Liebe brauchten. Sie suchte sich Adoptivkinder. Und sie fand immer wieder solche Menschen, die sie brauchten. So verschenkte sie ihre Liebe. »Ich kann zwar nicht die ganze Wüste vor dem Austrocknen bewahren, aber ich kann wenigstens die eine oder andere Blume begießen«, sagte die Mutter.

»Ich wäre so gerne eine Pfarrersfrau gewesen wie du«, sagte ich. »Ich bewundere dich so in allem, was du tust und sagst. Wie du die Fehler der Mitmenschen entschuldigst. Wie du so sanft die krummen Wege korrigierst. Wie du so liebevoll-energisch deinen Willen durchsetzt, ohne dass man's merkt. Wie du so jung bleibst, im Denken und im Fühlen und im Aussehen. Ich wäre so gerne so gewesen, aber ich bringe es nicht fertig. Ich bringe nicht einmal eine richtig schöne Geschichte über dich fertig, eine, die alles über dich sagt und über Gott, dem du treu bleibst, auch wenn er dir deine Kinder wieder nimmt. Ich möchte so gerne eine Liebesgeschichte über dich schreiben, aber es wird nur ein hilfloses Gestammel.«

Sie sagte: »Gerade deswegen sind Liebesgeschichten ja so schön.« Und sie lächelte.

* * *

Die Reise nach innen

Im Foyer der Deutschen Schule stand ein kleiner Junge vor dem riesigen Globus und staunte die Länder und Meere an. Es war ein prächtiger alter Globus, eine königliche Weltkugel geradezu, die etwas von dem Seefahrer- und Entdeckergeist vergangener Zeiten vermittelte, ja, und auch Fernweh und Sehnsucht nach unbekannten Ländern weckte.

Immer wieder gab der Kleine der Weltkugel einen Schubs und lachte, wenn die Kontinente und Ozeane an ihm vorbei glitten. So hatte Jakob als kleiner Junge auch gelacht, als er damals von seinem Patenonkel einen beleuchteten Globus als Weihnachtsgeschenk bekam. Damals hatte er das »weltumfassende Gebet« gesprochen, indem er die Weltkugel in schnelle Drehung brachte: »Lieber Gott, behüte alle, die jetzt an mir vorbeisausen.«

Ich trat näher an den Globus heran und freute mich über das Kind.

»Weißt du noch, wie schön unsere Kinder damals unseren Globus fanden und wie sie ganz neue Vorstellungen von der weiten Welt bekamen?« fragte ich meinen Mann, der hinter mir stand. »Sieh mal, was der Kleine hier für einen Spaß hat. Wenn das Karl Barth sehen könnte, der Freude definiert hat als ›Ausschauen nach herbeikommenden Gelegenheiten zur Dankbarkeit‹. Er würde sich angesichts dieses Jungen vor der fröhlich rotierenden Weltkugel wunderbar bestätigt fühlen, nicht?«

Mein Mann war nähergekommen und lauschte.

»Und jetzt stehen wir hier, siehst du, hier? Wenn du jetzt

eine Luftlinie ziehen würdest, kämst du dort an. Sieh mal, und dort lebt der Jakob jetzt, und dort wollten wir einmal als Missionare hin…« Ich entwickelte meine ganze Biografie und Familiengeschichte vor dem Globus und zog Verbindungslinien vom Geburtsort zum jetzigen Aufenthalt, vom augenblicklichen Wohnort der Geschwister zur Heimatstadt, von den fernen Gräbern unserer Verwandten zur Mitte Deutschlands…

»Eigentlich sei es ganz einfach, die Erde im Ballon zu umkreisen, hat kürzlich einer behauptet, man könne sozusagen in der Luft stehen bleiben, während sich die Erde unter einem dreht. Was manche Leute so für Theorien haben«, sagte ich.

Mein Mann antwortete nicht.

Ich drehte mich um und wollte meine Frage direkt an ihn stellen: »Wie lange brauchte Jules Vernes Held für die Reise um die Erde? Und wieviel Zeit brauchte Monsieur Picard für die Erdumkreisung mit dem Ballon?« – fragte ich und erschrak, denn hinter mir stand gar nicht mein Mann, sondern ein Fremder. Ein junger bärtiger Mann stand da, der mich freundlich begrüßte.

»Entschuldigung«, stotterte ich, »ich dachte, ich rede mit meinem Mann, wo ist er denn nur? Ich habe so viel geredet, ohne mich zu vergewissern… Entschuldigung.«

»Das macht nichts«, sagte der Fremde, »das war sehr nett.«

Er sprach liebenswürdig in der Mundart meines Mannes.

»Ach«, sagte ich, »Sie sprechen ja wie alle aus unserer Familie in Süddeutschland. Woher kommen Sie denn?«

So erfuhr ich, dass der junge Mann ein Ordensbruder, ein Franziskaner, ein Minderbruder ist, der durch die Welt reist. Tatsächlich, er trug zwar keine Kutte, und er ging auch nicht barfuß in Sandalen, aber er war ein wandernder junger Mönch. Er hatte die freundlichsten braunen Augen.

Und ich hatte ihm beinahe unsere ganze Lebens- und Familiengeschichte und so viel Vertrautes und Vertrauliches erzählt, dass ich nun einfach die Unterhaltung wie mit einem langjährigen Freund fortsetzte und plauderte und weiter fragte, während wir vor der Weltkugel stehen blieben. Die Unterhaltung war allerdings gar nicht so einfach, weil immer wieder Kinder zu ihm kamen und ihn baten: »Kommen Sie jetzt zu uns, wir spielen da draußen. Sehen Sie gleich einmal zu, was wir in unserer Gruppe machen? Kommen Sie doch mal bitte, ja? Wann kommen Sie denn nun?«

Er antwortete ganz ruhig und lieb.

Er hatte die freundlichsten braunen Augen.

»Und wohin geht Ihre Reise?« fragte ich. »Wie kommen Sie ausgerechnet hierher?«

»Ich biete überall auf der Wanderschaft meine Dienste an. Wenn ich irgendwo nützlich sein kann, bleibe ich ein wenig und verdiene mir Unterkunft und Brot. Jetzt konnte ich hier vertretungsweise als Erzieher einspringen.«

Die Jungen und Mädchen, die wieder und wieder angelaufen kamen und ihn abholen wollten: »Kommen Sie jetzt zu uns herüber? Schauen Sie jetzt einmal zu, was wir gebaut haben?«, bewiesen lebhaft, wie beliebt und geschätzt er war.

»Und wie lange wird die Wanderung dauern? Und wohin geht es?« fragte ich.

»Meine Reise geht, geographisch gesehen, um das Mittelmeer herum, ja, so könnte man sagen. Aber es ist eine Reise nach innen«, sagte er.

»Und das Ziel ist Jerusalem, nicht wahr?«

»Ja, das ist mein Ziel.«

»Das ist auch mein Ziel«, sagte ich. »Aber ich meine das himmlische Jerusalem.«

»Das meine ich auch«, und seine freundlichen Augen lächelten.

Jetzt schaute ich wirklich auf seine Füße, ob sie nicht doch in staubigen Sandalen steckten. Aber nein, er trug ganz moderne Sportschuhe, und er hatte auch kein Pilgerkleid an, und er trug kein schlichtes Mönchsgewand wie Bruder Franziskus. Es war ein junger bärtiger Mann, wie man sie öfter sieht. Ungewöhnlich waren nur die braunen Augen voller Wärme und Güte. Er hatte die freundlichsten braunen Augen.

»Auf der Reise nach innen und zum himmlischen Jerusalem«, wiederholte ich. »Dann ist es ja leicht zu erklären, dass wir uns hier getroffen haben. Dann mussten wir uns ja treffen. Und ich bin sehr froh darüber, denn nun weiß ich, dass ich auf dem richtigen Weg bin. Sie scheinen doch auch genau zu wissen, wo es langgeht, ja? Ich bin übrigens schon lange unterwegs. Meine pommersche Großmutter hat mir vor vielen Jahren einmal den Weg beschrieben. Seitdem bin ich auf der Wanderschaft wie Sie. Sie haben es ja eben gehört und gesehen, als ich auf den Globus hier meine vielfältigen Lebenswege und Umwege beschrieb. Es war bisher eine anstrengende Reise.«

»Ja, der Weg ist nicht leicht«, sagte er.

»Der Weg um die Erde herum oder der Weg nach innen?« fragte ich.

Er lächelte nur.

Seitdem wandere ich ein bisschen getroster weiter. Das Reiseziel erscheint mir noch konkreter und gar nicht mehr so fern. Sehe ich nicht schon aus anderen Richtungen Pilger herankommen? Und wen werden wir auf dem Wege noch treffen? Mit wem, mit wievielen Freunden würden wir die letzten Meilen zurücklegen? Ob der Wanderer, der seine Reise nach innen antrat, wohl eher am Ziel ist als wir?

Ich würde ihn gerne wiedersehen. Er hatte die freundlichsten braunen Augen.

* * *

Natürlich gibt's Engel

»Glauben Sie an Engel?« fragte ich den Theologen. Ich hätte so gerne mit einem klugen Menschen über diese Geschichte geredet. Ich hätte mich so gerne rückversichert und geprüft, ob mein Erlebnis auch in Wirklichkeit und vor dem kritischen Verstand eines Theologen Bestand hat. Vielleicht habe ich mir das ja alles nur ausgedacht, vielleicht habe ich geträumt, vielleicht kommt einer auf die Idee und sagt, dass ich spinne.

Ich habe nämlich einen Engel gesehen.

Aber es war nicht »mein« Engel –

Er sah auch gar nicht so aus wie ein Engel. Er entsprach überhaupt nicht meinen Vorstellungen. Trotzdem wussten wir, dass da ein Engel war. Die vier Menschen, zu denen er gekommen war, wussten es. Sie bemerkten seine Gegenwart, wie man weiß: Die Sonne scheint, oder wie man auch weiß: Hier ist es hell und warm. Die Geschwister, denen wir von diesem Erlebnis so nüchtern wie möglich berichteten, sagten sofort: »Das war ein Engel, das war Muttis Engel.«

Ich hatte mir immer vorgestellt, dass Engel leuchtende Erscheinungen sind, lichte Wesen, in deren Umgebung sich alles verklärt und in deren Nähe man schon fast der rauhen Realität enthoben ist und über dem Erdboden schwebt. Zumindest Flügel musste ein Engel in meiner Vorstellung haben, zumindest ein Flügelrauschen und Wehen müsste vernehmbar sein, wenn ein Engel durch die Räume schwebte.

Mechtild hatte einmal gesagt, dass der Todesengel immer

gegenwärtig sei, wenn ein Mensch im Sterben liege. Sie habe seine Nähe am Totenbett der Schwiegermutter gespürt, deren Engel gekommen sei, um die Sterbende abzuholen und zu begleiten.

Seitdem stelle ich mir den Todesengel wie die Gestalt auf gotischen Altären vor, mit dunkelblauen Flügeln und langem, welligem Haar, das mit einem Stirnreif festgehalten wird. Und ich stelle ihn mir ernst und feierlich vor. Sehr ernst. Ein richtiger Engel lacht und kichert nicht wie ein bacchantischer Putto im Barock. Ein richtiger Engel ist ernst und edel. Er ist weit entfernt von allem Irdischen und deswegen so feierlich-erhaben.

Er ist weder männlich noch weiblich. Bei allen Darstellungen von Engeln, die ich mir ansehe, lässt sich nicht feststellen, ob es ein junger Mann oder eine junge Frau ist und welches Alter der Engel hat. Diese Überlegungen scheinen auch völlig unangebracht und überflüssig zu sein.

Vor ihrer großen Herzoperation habe ich im Traum meine Mutter als junges Mädchen gesehen. Sie war jung und makellos. Anmutig ging sie über grüne Rasenflächen dahin. Sie winkte und grüßte freundlich. Nach diesem Traum war ich sehr beruhigt und wusste, dass unsere Mutter die schwere Operation gut überstehen würde. Und meine Meinung über Engel stand fest: Sie erscheinen uns im Traum, sind jung und vollkommen, weder männlich noch weiblich, aber ganz individuell. So besonders, einzigartig und einmalig wie jeder Mensch. Ich vermute, dass jeder Mensch seinen Engel hat, der ihm wie sein Schatten eigen ist und dessen Botschaft nur er allein versteht.

Aber sehr viel mehr wusste ich auch nicht. Und ich wagte auch nicht so recht, weiter darüber zu reden und göttliche Geheimnisse zu ergründen. Es missfiel mir, dass überall und andauernd über Engel gesprochen wurde. Es missfiel mir, dass es so viel esoterisches »Wissen« über Engel gibt. Weil

Engel Gottes Boten sind, sind sie ein Teil von ihm, tragen sein unantastbares Wesen und sind heilig. Ich mochte nicht in dieses Gerede mit einstimmen und bei den Spekulationen mitmachen.

»Wo Träume sich mehren und Windhauch und viele Worte, da fürchte du Gott.«

Und dann sah ich den Engel. Einen Engel, der so ganz anders war. Bei dessen Anblick ich so erschrak, dass ich heute noch erschauere. Er stand auf einmal im Sterbezimmer am Bett meiner Mutter.

Unsere Mutter war immer eine sehr realistische Frau, sehr energisch, hoffnungsvoll und stark. Sie hatte sich als Witwe mit den Kindern tapfer durchs Leben geschlagen, ein sehr hartes Leben war es gewesen, und sie hatte trotzdem den Lebensmut und ihren Glauben nicht verloren. »Seid fröhlich in Hoffnung, geduldig in Trübsal, haltet an am Gebet«, sei ihr Konfirmationsspruch gewesen, hatte sie in den letzten Tagen ihres Lebens gesagt. Als mein Bruder am Sarg darüber predigte, erstand sie ganz lebendig in unseren Herzen – froh, stark und zuversichtlich. So hatte sie gelebt. So ist sie gestroben.

Mutter war nur kurze Zeit im Krankenhaus. Sie war zur Untersuchung hingegangen, hatte sich operieren lassen und erfahren, dass der Krebs schon so weit fortgeschritten war, dass es keine Heilung mehr gab. Diese Wahrheit versetzte sie keineswegs in Angst und Schrecken. Es gab ihr eher eine ruhige Gewissheit, mutig und entschieden ihren Weg anzutreten: »Ich gehe nun nach Hause.«

Und der Engel war gekommen, um sie abzuholen.

Der Engel trug einen langen Militärmantel. Er schien einen sehr weiten Weg gehabt zu haben. Er wirkte auf mich, als sei er lange gewandert. Den Hut hatte er tief ins Gesicht gezogen. Den Kopf hielt er eigenartig gesenkt, so dass ich sein Gesicht nicht sehen konnte. Er stand eine

Weile unter der Tür am Fußende des Bettes. Mein Mann und meine Tochter spürten ihn. Sie wussten, dass jemand hinter ihnen steht. Aber angesehen hat ihn nur meine Mutter. Zu ihr war er gekommen. Es war *ihr* Engel. Ein Bote Gottes, der sie abholte und auf dem letzten Stück des Lebensweges begleiten würde. Ihr Engel – die Gestalt der tröstenden Macht Gottes, die uns stärkt und die da ist, wenn wir sie am meisten brauchen.

Ich habe ihn wirklich gesehen.

Mehr wollte ich gar nicht wissen und erfahren.

»Frag Mutti doch noch einmal, ob sie die Gestalt erkannt hat. Frag, wie sie aussah. Frag doch, wer das war. Vielleicht war es unser Vater, der im Krieg gefallen ist. Frag Mutti!« sagte meine Schwester.

Ich habe tatsächlich gefragt. Am nächsten Tag, als ich viele Stunden an ihrem Bett bei ihr saß und sie so gerne festgehalten, hier behalten hätte, habe ich sie mit Herzklopfen gefragt. Sie war ganz klarblickend und gegenwärtig und trotzdem schon ganz fern. Da überfiel mich das Elend, dass wir sie nun bald nicht mehr bei uns haben würden. Das musste ich verhindern! Es tut so weh, wenn ein Mensch, den wir lieben, uns verlässt. Sie sollte hierbleiben! Sie sollte nicht mit dem Engel fortgehen. Vielleicht könnte ich mit ihm verhandeln? Deshalb fragte ich: »Mutti, erinnerst du dich an den Mann, der gestern hier gestanden hat?«

Sie schaute in die Ferne und lächelte.

»Wie sah er aus? Wer war das?«

Sie lächelte. Ihr jenseitiger Blick.

»Was hatte er an? Trug er einen Mantel?«

»... und einen Hut«, sagte sie.

Da hat mein Herz geklopft. Es stimmte also! Ich hatte den Engel gesehen!

Aber da war eine Grenze. Mehr durfte ich nicht fragen. Ich saß stumm am Bett, und mein Herz klopfte. Ich habe mich so geschämt, dass ich mich in dieses Geheimnis hineindrängte. Ich habe mich so geschämt, dass ich gefragt habe. Es war doch Muttis Engel. Es war ihr Persönlichstes. Es ging uns nichts an. Es war etwas ganz Heiliges.

Nach einer Weile sagte sie leise: »Ich glaube, ich mochte ihn.«

Vier Tage nach dem Erscheinen des Engels ist unsere Mutter gestorben. Sie war bis zuletzt bei klarem Bewusstsein und gab uns bei aller Traurigkeit und bei aller Verlassenheit und Verwaisung den Trost, dass der Tod nichts Schreckliches ist und dass da gute Mächte um den Sterbenden herum sind, die ihn wunderbar bergen und behüten.

Jetzt, nach Jahren, können wir über diese Erfahrung reden. Sie bewegt uns. Sie bewegt mich sehr .. Seit ich den Engel meiner Mutter gesehen habe, ist so vieles anders geworden. Besser. Ja, möglicherweise besser. Manchmal denke ich, dass unsere Augen jetzt anders sehen können, nachdem sie einen Engel gesehen haben…

Am meisten treibt mich die Frage um, wie wohl mein eigener Engel aussieht. Ich möchte ihn zu gerne sehen. Ich lese Bücher, in denen Menschen von heute ihre Erfahrungen darüber mitteilen.

Ich lese in der Bibel, was über die Engel Gottes erzählt wird. Vielleicht weiß ich ja auch schon, ohne zu wissen,… – und ich begreife es nicht…

In einem riesigen, überfüllten Saal sah ich einen Kopf, der sich so neigte wie der Kopf des Engels damals bei meiner Mutter. Unter sechs- oder achthundert Zuhörern fiel mir dieser eigenartig geneigte Kopf auf, und ich erschrak wie damals. War er das – ?

Ein anderes Mal blickte ich in einem riesigen, überfüllten Speisesaal von meinem Teller hoch und sah in der Türe, unter der Türe – Ich habe ihn wirklich wiedergesehen. Über die vielen Menschen hinweg, bei dem Gewusel und Geschwätz und Tellerklappern. Da unter der Türe…

Ein drittes Mal sah ich ihn oder meinte ich ihn zu sehen oder ahnte ihn, als ich dem Hauptbahnhof in einer großen Stadt wartend herumstand. Ein Vorortzug lief ein, und viele Menschen verließen die Bahnwagen und strebten dem Ausgang zu. Arbeiter, Büroangestellte, Studenten, Schüler. Alle mit verschlossenen Gesichtern in einer grauen unpersönlichen Bahnhofswelt. Alle in Eile. Alle hasteten vorbei. Und da war plötzlich über der Menge oder in der Menge, aber doch über allen, der Kopf, das Gesicht des Engels, meines Engels. Es musste mein Engel sein. Ich kann auch nicht richtig beschreiben, wieso ich das wusste und warum ich das dachte. Ich wusste es einfach. Es ging mich etwas an. Und wie meine Mutter würde ich sagen: »Ich glaube, ich mochte ihn.«

Und an einem strahlenden Sommermorgen – Ferien, Sommer, Sonne – ich war hellwach, vernahm ich: »Die Liebe sitzt in den Fingerspitzen.«

Wer sprach das? Wer war da? Was sollte das denn?

»Die Liebe sitzt in den Fingerspitzen.«

So einen Quatsch habe ich noch nie gehört! Jedes Kind weiß, dass die Liebe im Herzen oder sonstwo in uns sitzt. Seit Jahrtausenden weiß die Menschheit, dass die Liebe… Liebe – Triebe, Herz – Schmerz – ich war viel zu fröhlich und zu wach, um diese Stimme erst zu nehmen.

Mit wem redete ich eigentlich?

»Du musst lernen, dass die Liebe in den Fingerspitzen sitzt.«

»Ach, weil man nicht nur fühlen, sondern was tun soll? Nicht Worte und Gefühle, sondern Taten…?«

»Lerne das, begreif das!«

»Gut, ich lerne es. Ich lerne: Liebe hat etwas mit der Hand zu tun. Liebe hand-elt. Sonst noch was?«

»Liebe will nicht besitzen.«

»Hm?«

»Nur das, was du hergibst, gehört dir. Nur den Menschen, den du nicht besitzen willst, liebst du. Was du wirklich liebst, musst du weggeben. Was du wirklich liebst, darfst du nicht besitzen.«

»Weiß ich alles.«

»Dann ist es ja gut. Was machen die Fingerspitzen?«

»Sie brennen! Himmel, sie brennen.«

Ich weiß bis heute nicht, was das sollte. Wer hatte da mit mir geredet? War das nicht alles Blödsinn? Binsenweisheiten, Allgemeinplätze. So ein Schwachsinn über Sachen... Wusste ich doch alles längst.

Aber an diesem Tag brannten meine Fingerspitzen, als hätte ich Felder mit Brennesseln abgeerntet. Ich tauchte die Hände in den kühlen Brunnen, grub mir in der kühlen Gartenerde Löcher, kühlte die Finger am Eis aus dem Gefrierschrank. So ein Quatsch aber auch.

Allerdings, ich muss immerzu darüber nachdenken und möchte so gerne mit einem klugen Menschen sachlich darüber reden. Deshalb fragte ich den Theologen: »Glauben Sie an Engel?« Er überlegte nicht lange. Er sagte, es war keine Spur von Vorwurf und Arroganz dabei: »Ich glaube an Jesus Christus.«

* * *

Den eigenen Weg gehen

Manchmal wünsche ich mir, ich könnte noch einmal mit dem jungen Krankenpflege-Schüler sprechen, der damals sein Praktikum macht, als ich lange im Krankenhaus lag.

»Hier stelle ich Ihnen den neuen Praktikanten vor«, sagte die Oberschwester. »Markus ist im ersten Ausbildungsjahr und wird drei Wochen auf unserer Station arbeiten.«

Ich kenne Markus, er ist der Sohn einer Pfarrersfamilie, mit der wir befreundet waren, als wir noch in unserer ehemaligen Gemeinde lebten. Markus ist ein fröhlicher, netter Bursche. Er hat das Herz am rechten Fleck und wird bestimmt einmal ein sehr guter Krankenpfleger. Er würde später in die Mission gehen, hatte er geäußert. Ja, da könne er wirklich helfen und etwas Nützliches für die Menschen tun, sagte er.

»Hallo, Markus«, sagte ich, »wir kennen uns.«

Er freute sich.

»Wie geht´s?«

Er sagte, es sei alles okay, soweit es ihn betreffe, aber wichtiger sei, wie es uns auf der Station gehe. Doch – kein Problem!, nun sei er ja da.

So ein jugendliches Selbstbewusstsein und so ein strahlender Optimismus sind wirklich beneidenswert. Dieser junge Mann brachte Hoffnung und Fröhlichkeit mit, wann immer er ins Zimmer kam. Aber ich wünsche mir oft, ich könnte ihn heute noch einmal sprechen und mit ihm reden und ihm erzählen, dass ich ihn jetzt viel besser verstehe, jetzt, nachdem die Krankheit und die Angst hinter mir liegen. Damals, »mitten drin«, habe ich nicht so positiv wie

Markus denken können. Ich habe ein bisschen den Kopf geschüttelt über seine Ansichten. Ich konnte ihm nicht zustimmen, wenn er den Krebs als »die große Chance im Leben« bezeichnete, einen »Verbündeten«, wie er das nannte. Ich saß so tief in meiner Trauer und Verzweiflung, dass ich dachte, er will uns nur trösten. Er will uns mit der Geschichte von seinem kranken Bruder Peter nur Hoffnung machen. Wir sollen glauben, dass alles gut ausgeht und zu unserem Besten dient.

Ach, Markus, ich wünsche mir so, ich könnte dir heute meine Geschichte erzählen. Deine Geschichte jedoch, die Krankheits- und Genesungsgeschichte von deinem Bruder Peter habe ich nicht vergessen. So hast du sie mir damals erzählt:

Ich habe meinen großen Bruder Peter immer bewundert, nicht nur weil er der ältere und stärkere ist und weil er den Eltern nie Kummer machte, so wie wir anderen drei Geschwister es taten. Nein, nicht alle. Angelika war, wie der Name schon sagt, immer ein Engelchen, sie war so was von tugendhaft und vernünftig und viel strenger mit uns Jüngeren, als es der Vater in seiner Gemeinde und mit seinen Konfirmanden war. »Wir müssen den Eltern viel Freude machen, sie haben es so schwer«, sagte Angelika und schwang den eisernen Besen.

»Wir müssen die Eltern fürs Leben fit machen«, sagte Dorothea trotzig und spielte weiter ihre laute Rockmusik und »stellte was an« und lieferte meinem Vater harte Wortgefechte. »Streit macht konfliktfähig«, sagte sie, »damit helfen wir einem Pfarrer viel mehr. Wir müssen ihm die Argumente liefern. Und die Vokabeln, die er im richtigen Leben braucht.« Und dann flogen die Fetzen.

Peter hielt sich da raus. Er wirkte immer sehr ausgeglichen und bescheiden. Er fiel eigentlich nie auf. Es kamen keine Klagen über ihn von Nachbarn, Lehrern oder Geschwistern. In der Schule hielt er sich im Mittelfeld. Nullo Problemo. Doch, ehrlich, ich bewunderte ihn. Am glühendsten an dem Tag, als er zu meinem Vater sagte: »Von heute an spiele ich nicht mehr Cello.« Ganz ruhig und bestimmt sagte er das. Einfach so. »Ich spiele nicht mehr Cello.«

Sie müssen wissen, dass wir alle ein Musikinstrument gelernt haben. Unsere Eltern hatten die etwas altertümliche Vorstellung von einer glücklichen musizierenden Famile. Sie hatten überhaupt so Vorstellungen… Wir empfanden das als schrecklich autoritär, als Zwang und Belastung. Immer dieses Üben und dieser Druck. Aber wir hatten uns aus Respekt vor den Eltern natürlich nie dagegen gewehrt. Und nun sagte Peter, dass er nicht mehr musizieren wolle.

Vater machte noch einen schwachen Versuch, Peter auf den Trost und die Vorzüge der Musik hinzuweisen, aber Peter entgegnete freundlich: »Wenn du das Cello schön findest, dann spiele es doch selbst.« Das war keine Frechheit, sondern ein Vorschlag. Wie bei ebenbürtigen Partnern.

Und unser strenger Vater akzeptierte Peters Entscheidung. Das war das Tollste daran.

Ich fand das echt stark. Ich erstarrte vor Ehrfucht und Bewunderung, dass Peter seine Meinung so ruhig und entschieden wie ein richtiger Mann sagen konnte und dass Vater das akzeptierte! Ich hätte meinen Bruder beinahe beneidet – beinahe –, aber ich weiß nicht richtig, ob man ihn beneiden kann. Sicher ist »beneiden« nicht das richtige Wort. Sicher ist kein Grund vorhanden, neidisch auf Peter zu sein. Ich will versuchen, Ihnen das zu erklären.

Zu meinem Geburtstag bekam ich einen klasse Buchkalender geschenkt, in den ich – anfangs mache ich das immer so, mit der Zeit verliere ich dann die Lust – genau alle Ereignisse eintrug, die Peters Krankheit betrafen. Ich wollte alles dokumentarisch festhalten; falls ich später mal Medizin studiere und Arzt werde. Ich habe mich für die Medizin ja schon immer interessiert. Jetzt werde ich Krankenpfleger, dann bin ich schneller fertig und kann den Menschen helfen. Naja, also der Kalender… Ich werde ihn Ihnen mal mitbringen und zeigen, ich habe ihn noch.«

Als er wieder einmal Zeit hatte, kam er vorbei und zeigte mir sein »medizinisches Tagebuch« und erklärte mir seine Eintragungen: »Ich habe also vom 19.3. bis zum 24.6. ganz sorgfältig Buch geführt. Genau in dieser Zeit, in diesen drei Monaten geschah es. Peter war damals sechzehn.

Meine erste Notiz am 19. März heißt etwas geheimnisvoll: *Eine Hälfte geschwollen.* Ich erinnere mich noch genau, wie Peter sich endlich Vater anvertraute, nachdem er im Duschraum des Handballclubs zu seinem großen Erschrecken festgestellt hatte, dass seine Hoden so merkwürdig verformt und geschwollen aussahen. Er hatte mir vorher auch einmal erzählt, dass er neuerdings immer so schlapp sei und so müde und schon mehrere Arbeiten verhauen habe. »Sag das unbedingt Vater oder dem Arzt«, habe ich gesagt.

Vater ist am nächsten Tag gleich mit Peter zum Hausarzt und danach zum Urologen gegangen. Ich schrieb am 21. 3. in mein Buch: *Verdacht auf Hodentumor.*

Schon am 22. März, also am Tag darauf, ist Peter in unserem Städtischen Krankenhaus operiert worden. Der Verdacht bestätigte sich. Der histologische Befund ergab ebenfalls, dass es sich um Hodenkrebs handelte. Am 28.3., also eine Woche später, wurde mein Bruder mit dem Krankenwagen auf die Krebsstation des großen Universitäts-Klinikums gebracht. Vater und Mutter waren sehr besorgt und telefonierten viel. Wir hatten furchtbar Angst um Peter. Eigentlich ging alles sehr schnell. Alle sagten, dass es

Gottseidank noch früh genug sei.

Am 29.3. habe ich geschrieben: *Keine OP, sondern Chemotherapie, Tumormarker 1300.* Nach vielen Untersuchungen bekam mein Bruder dann am 7. April die erste Dosis der Chemotherapie, die er verhältnismäßig gut vertrug. Wir haben ihn jeden Tag besucht, weil Osterferien waren und wir bei unseren Großeltern in der Universitätsstadt in den Ferien waren. Ich habe mir immer Notizen gemacht und Peter ausgefragt. Ich fand das spannend, was sie mit ihm machten. Und er sagte, dass es ihm gut gehe und er nicht zu brechen brauche.

Bald darauf kam Peter nach Hause. Er brauchte aber nicht zur Schule zu gehen. Die Mitschüler kamen dafür ständig zu Besuch. Das Mathe-As der Klasse übte sogar ein bisschen mit Peter, wenn der sich gut drauf fühlte. Meistens war er aber müde.

Am 23.4. sagte Peter, dass ihm die Haare ausgingen, und er zeigt uns, wie sie büschelweise auf dem Kopfkissen lagen. Am anderen Tag schrieb ich: 24.4. *Peter schon fast kahl.*

Dann kam der zweite Zyklus der Chemotherapie. Das war vom 3. bis 7. Mai, also einen Monat später. Er bekam an jedem dieser fünf Tage eine Dosis der Medikamente. Vater erkundigte sich telefonisch und hörte, dass Peter sehr matt und appetitlos sei, aber sonst wohlauf. Ich habe ihn am Telefon gefragt, ob er viel brechen muss, aber er sagte, es sei nicht so schlimm und er komme ja am 8. wieder nach Hause.

Am 9.5. habe ich stolz geschrieben: *Mit Peter Fahrrad geputzt.*

Als ich Mutter erzählte, dass ich mit Peter das Fahrrad auf Vordermann gebracht habe, hat sie mich geküsst und gedrückt und vor Freude geweint. Erst dachte ich, sie findet mich so nett und dass ich so ein guter Bruder bin, aber es war wohl mehr aus Freude darüber, dass Peter wieder am

Leben teilnahm.

Den kahlen Schädel von Peter fanden alle ganz geil. Er sah aus wie ein Skinhead, das wollten ihm am liebsten alle nachmachen. »Zieh doch schwarze Klamotten an, eh, du siehst gut aus.« Während sich Peter in den folgenden Tagen erholte, wurde er weiter vom Hausarzt behandelt, der immer wieder sein Blut untersuchte, ihn mit Arznei versorgte und unsere vielen Fragen beantwortete. In dieser Zeit drehte sich eigentlich nicht mehr alles so unbedingt und ausschließlich um Peter, und dem war es recht so. Wir hatten uns alle beruhigt und glaubten fest daran, dass Peter am Leben bleiben würde.

Am 31.5. musste Vater ihn wieder in die Klinik zum dritten Zyklus bringen. Der wurde wieder an fünf Tagen durchgeführt. *Nach 3. Zyklus Therapie vorerst einstellen, danach Entscheidung, ob 4. Mal, ob Operation, ob gar nichts,* schrieb ich in mein Notizbuch.

Am 5. Juni kam Peter wieder heim, um sich zu erholen. Wir waren alle glücklich und dankbar, dass die Familie wieder beisammen war und Peter alles überstanden hatte. Er war eigentlich wie immer. Nur noch ernster und reifer. Er war todkrank gewesen und errettet worden. Das hatte in ihm wohl wichtige Gedanken ausgelöst. Er brauchte keine weitere Chemotherapie mehr und sollte nach einem Monat wieder zur Schule gehen. Die Ärzte waren sehr zufrieden mit ihm und wollten »engmaschige Kontrollen über zwei Jahre« durchführen. Der Hausarzt Dr. Malte meinte ebenfalls, dass keine weitere Krebsbehandlung nötig sei und dass Peter das alles prima gepackt habe. Peter sagte: »So ein Quatsch! Ich habe gar nichts gepackt. Ohne Vater wäre gar nichts prima gelaufen.« Vater verbesserte ihn und sagte: »Ohne deinen Vater im Himmel ...« Darauf schaute Dr. Malte ziemlich betroffen drein.

Und dann kam der Tag, an dem Peter sagte, dass er nun

nicht mehr Cello spielen wolle.

Es geschah zum ersten Mal in unserer Familie, dass einer sagte: »Ich gehe meinen eigenen Weg. Ich macht jetzt das, was ich will und was ich für richtig halte. Ich maule nicht mehr hinter dem Rücken meines autoritären Vaters, weil mir dieses und jenes nicht gefällt, sondern sage meine Meinung offen und bitte euch, das zu respektieren.«

Das hat mich sehr beeindruckt. Ich habe Mund und Nase aufgesperrt, ehrlich.

Aber eigentlich hat es der Peter ja nur geschafft, weil er diese lebensbedrohende Krankheit hatte und Vater und wir alle froh waren, dass er überhaupt noch am Leben war. Irgendwie hat er diese Krankheit dazu benutzt, seinen Willen durchzusetzten. Nachdem wir alle so um ihn gebangt hatten, konnte er sich jetzt einiges erlauben.

Deswegen weiß ich nicht so richtig, ob ich ihn beneiden kann, verstehen Sie?

Ich möchte eigentlich auch so mutig sein und Zivilcourage haben. Ich möchte gerne sagen können: »Das will ich, und das will ich nicht.« Aber ohne den Krebs.

Ich würde es gerne ohne den Krebs schaffen.

* * *

Apfelbäumchen

Wir trafen Alex im Einkaufszentrum. Als er uns erkannt hatte, begrüßte er uns: »Hallo, ich hab's eilig. Wo sind denn hier die großen Dübel, wisst ihr das? Ich finde sie hier nicht.« »Dübel sind da unten in der Reihe, rechts. Was baust du denn?« »Ich erweitere die Garage«, rief er und war schon verschwunden.

»Mann, sieht der schlecht aus«, sagte Beate, »weiß er gar nicht, wie schlecht es um ihn steht?«

»Wird er schon wissen…«, murmelte Werner.

»Also, wenn ich wüsste, dass ich bald sterben muss, würde ich doch die Garage nicht mehr erweitern! Was will er denn mit einer noch größeren Garage? Das ist doch völlig unnütze Geldverschwendung. Und für wen baut er denn andauernd an und um?«

»Für wen, für wen? Für sich natürlich. Lass ihn doch. Wenn's ihm doch Spaß macht…«, sagte Werner.

»Na gut, das lassen wir gelten. Wenn einer weiss, dass er bald sterben muss, dann soll er alles machen, was ihm Spaß macht. Dann machen viele noch die Traumreise ihres Lebens: Venedig sehen und dann sterben. Dann gibt mancher noch einmal ein großes Fest. Dann genießt ein anderer noch einmal Blumen, Musik… Aber das ist doch wohl nicht alles. Man muss sich doch ganz anders vorbereiten.«

»So, und wie würdet ihr euch vorbereiten?« fragte Werner.

Darüber haben wir dann den ganzen Abend gesprochen. Wir haben richtig gestritten. Wir haben grundsätzlich gefragt, ob man überhaupt alles, auch sein Ende, planen und

»in den Griff kriegen« sollte.

»Es ist eine große Gnade, wenn man Zeit hat, sich auf seinen Tod vorzubereiten, wenn man Abschied nehmen kann und seinen Frieden machen kann«, meinte der Pastor.

Aber die anderen widersprachen und wünschten sich den schnellen Tod, der über Nacht kommt, ohne langes Siechtum. Am besten sei es, wenn man sich schlafen legt und einfach nicht mehr erwacht.

»In alten Kirchenliedern heißt es: Bewahre uns vor bösem, schnellen Tod«, sagte der Pastor, »also, der schnelle plötzliche Tod wird mit Recht böse genannt.«

»Sie sehen darin eine Chance, wenn man noch Zeit hat, Dübel zu kaufen und seine dusselige Garage zu erweitern?« fragte Beate.

»Was würden Sie an Stelle von Alex tun?« war die Gegenfrage.

»Ich würde alles verschenken und mir Freunde machen mit dem ›ungerechten Mammon‹ und mit all den Klunkern, die man eh nicht mit ins Grab nehmen kann.«

Dieser Protest von Beate gefiel mir. Ich erzählte die bewegende Geschichte von einer Frau, die sich so verhalten hatte. Sie wollte ›mit warmen Händen‹ schenken, sagte sie und gab alles fort. Wenn einer ein Möbelstück oder einen hübschen Gegenstand bei ihr bewunderte, sagte sie ganz lieb: Nehmen Sie es, Sie machen mir eine große Freude, wenn ich es Ihnen schenken darf. Diese Frau hat mich so beeindruckt. So würde ich mich auch gerne verhalten.

»Ihr wollt euch mit euren Bestechungsgeschenken doch nur Leute kaufen und ein würdiges Begräbnis sichern mit vielen, die hinter euch her weinen«, spottete Horst.

»Na und?« sagte Beate, »soll ich denn besser ängstlich alles krallen und bei mir behalten für irgendwelche Erben, die es entweder nicht haben wollen oder sich noch darum streiten? Nein, so wie Alex bis zuletzt rafft und schafft – das ist doch falsch. Wer sagt ihm das denn bloß? Der Mann ist auf dem falschen Weg! Der muss seine Zeit ganz anders nützen, viel Zeit hat er sowieso nicht mehr.«

»Schön, schön«, sagte Werner, »aber vielleicht verdrängt Alex den Gedanken ans Sterben mit seiner Tätigkeit. Und solange er noch schaffen kann, lebt er. Lass ihm doch seine Dübel.«

»Sie kennen sicher das Wort von Luther: Wenn morgen die Welt untergeht, will ich heute noch mein Apfelbäumchen pflanzen. Das heißt doch nichts anderes, als dass man bis zur letzten Minute hoffen darf und sein Leben sinnvoll gestalten soll«, warf der Pfarrer ein.

»Ja, Apfelbäumchen pflanzen, sagt Luther, aber nicht Dübel kaufen.« Beate war zornig.

Wir stritten uns die halbe Nacht. Jeder setzte sich mit dem Problem auseinander, was er für eine Antwort geben würde auf die Frage, was er tun würde, wenn er wüsste, dass er morgen sterben müsste.

Und ich? Was würde ich tun?

Ich fand diese Frage eigentlich nicht mehr aktuell. Ich hatte das damals schon für mich beantwortet. Bei der akuten Bedrohung und der Krebsdiagnose musste dieses Denkmodell konsequent behandelt werden.

»Also, jetzt bist du dran«, sagten die anderen. »Was würdest du tun?«

»Vielleicht«, sagte ich, »vielleicht würde ich betteln, dass ich noch einmal einen Aufschub bekomme. Ich würde Verlängerung beantragen.«

Aber habe ich nicht schon einmal Verlängerung bekommen? Und wie bin ich damit umgegangen? Habe ich seitdem irgend etwas besser gemacht?

Herr, lehre uns bedenken, dass wir sterben müssen, damit wir klug werden.

* * *

Inga-Mirjam malt ein Bild

Mit blauer Wachsmalkreide fängt sie in der oberen Ecke des Blattes an zu schreiben. Es soll ein Brief werden. Ein richtiger Brief mit vielen kleinen blauen Schriftzeichen. Man hat sich schließlich viel zu sagen, und es gibt viel zu berichten, wenn man drei Jahre alt ist und die Welt voller Abenteuer und Überraschungen auf einen wartet und entdeckt werden will.

Inga-Mirjam schreibt. Die Buchstabenstriche sind klein, blau, ordentlich, mühevoll gemalt. Links oben in der Ecke schreibt das Kind rauf, runter, rauf, runter.

Nach einigen Strichen wird der Stift in der Kinderhand zu schwer. Die Schreiberin ist erst beim fünften Strichlein für ihren schönen langen Brief. Sie muss doch mindestens hundert solcher Buchstaben zeichnen. Die Kleine seufzt. Das kann noch lange dauern, bis sie das Blatt Papier ganz mit blauen Schriftzeichen bedeckt hat. Deshalb beschleunigt sie die Schreiberei und malt mit kräftigen Zügen und ganz großzügig schöne blaue Striche, – rauf, runter, rauf. Der blaue Stift in ihrer kleinen heißen Faust quietscht vor Anstrengung mit. So! Da ist der Brief schon halb fertig. Schön blau. Blau ist eine wunderschöne Farbe.

Inga-Mirjam legt den Kopf zurück und betrachtet ihr Werk. Es gefällt ihr nicht so richtig. Es ist zu eintönig blau. Sie greift nach einem orangeroten Stift und malt in die Mitte des Blattes ganz viel und dick und kraftvoll: Orangerot. Das sieht toll aus. Orangerot ist die Sonne. Besonders die Abendsonne. Die schönen Sonnenuntergänge sind orangerot. Orangerot sind Feuer, Hagebutten, Vogelbeeren, Zwergenmützen. Orangerot sind Apfelsinen. Das Leben ist orangerot, wenn es so richtig lustig ist. Die Kleine ist fast zufrieden. Nun ist der Brief fröhlicher. Genau das wollte sie mitteilen. Das steht da nun auf dem Papier und leuchtet.

Mit gelber Wachskreide fährt sie am Rand des Orangerots herum. Wie das hell aufblitzt! Aus dem prächtigen Orangefleck fallen goldgelb einzelne Sonnenstrahlen. Das ist doch wirklich ein schönes Bild geworden.

Nun bekommt das Geschrieben-Gemalte noch einen Rand aus Stempelaufdrucken. Der Stempel zeigt einen koketten Frosch mit tollen Armen und Frauenbeinen und Glubschaugen. Wenn man den Stempel auf dem türkisgrünen Stempelkissen anfeuchtet, kann man lauter türkisgrüne runde Frösche stempeln. Die Randverzierung ist fertig. Die meisten Stempelfrösche sind zwar ganz genau gezielt worden, aber doch nicht so richtig am Rand des Briefes gelandet, sondern hüpfen quer über das Blatt, aber insgesamt kann man nun das Kunswerk als vollendet bezeichnen. Inga-Mirjam schiebt der Mutter ihr Bild hin und lässt es falten und in den Briefumschlag stecken.

Und am nächsten Tag halte ich diesen schönen, lebensfrohen, orangeroten Brief in der Hand und freue mich. Mein Herz freut sich. Wie mich das alles anlacht! Dieses Kind hat eine Botschaft voller Hoffnung gemalt. Es hat etwas geschrieben vom Ja zum Leben, von Kraft und Wärme und Fröhlichkeit.

Ich halte den Brief in der Hand und weiß auf einmal, warum mir Inga-Mirjams Bild so gut gefällt. Es ist in denselben Farben gemalt wie das Aquarell von Gisela, das sie mir zu Abschied schenkte. Orangerot und blau, gelb und türkis.

Gisela hatte mir bei einem Besuch ihre Bilder gezeigt: Ölbilder, Tuschzeichnungen, Collagen, erfindungsreiche und feinfühlige Dinge, die sie während ihrer schweren

Krankheit geschaffen hatte. »Gefallen sie dir? Such dir eins aus, dann denkst du immer an mich«, hatte sie gesagt. Ja, Giselas Bilder gefielen mir sehr. Ich verstand sie so gut, die Malerei und Gisela. Aber ich traute mich natürlich nicht, eins von ihren Werken an mich reißen. Das waren ja alles »Kinder« von ihr, die sie mit großer Mühe und unter Schmerzen und Anstrengungen hervorgebracht hatte. Das war etwas von ihr, das war sie selbst. Das mochte ich ihr nicht wegnehmen.

»Ich mag am meisten dieses Aquarell hier. Es erinnert mich an Nolde«, entschied ich mich schließlich. Mit orange, dunkelblau, gelb und grün hatte Gisela einen Gewitterhimmel gemalt. Norddeutschland. Nordseeküste. Eine schwere tintenblaue Regenwolke schiebt sich vor die leuchtende, orange glühende Sonne in der Bildmitte. Alles ist umgeben von mildem Licht. Gelb fließt in türkis über. Das ist das Land am Meer, die See, die Ferne und Weite. Das Land und das Licht.

»Ich glaube, dass die Wolke vorüberzieht«, sagte ich. »Die Sonne ist viel stärker, dieses feuerrote Licht ist viel kräftiger als die eine Gewitterwolke. Die sieht zwar bedrohlich aus, aber sie kann dem Leuchten gar nichts anhaben. Außerdem muss es immer ein bisschen Regen und Dunkel geben. Sonst merkt man gar nicht, wie schön die Sonne scheint. Ja, das Bild nehme ich gerne mit. Dann denke ich immer an dich und weiß, dass alles wieder gut wird.«

»Ach, das Bild ist ja so klein«, sagte Gisela. »Ich schenke dir noch ein anderes von den großen.«

Sie schenkte mir ein Ölbild, das mir gleich ins Auge stach und gut gefiel, weil es alles verbarg und so geheimnisvoll wirkte. Es ist großflächig hellblau. Aber die hellblaue Farbe besteht aus vielen Schichten. Das zarte Blau überlagert ein Weiß, unter dem Dunkelrot und Schwarz zu sehen ist. Man muss schon genau untersuchen, welche Farben da übereinander gespachtelt wurden, und das fand ich so bedeutsam. Ich dachte, man muss oft auch die vielen Schichten durchdringen, bis man einen Menschen so sehen und verstehen kann, wie er wirklich ist. Unter den vielen Farbaufträgen ist die Wahrheit kaum zu entdecken. Ich dachte, wenn ich dieses Bild ansehe, werde ich mich erinnern, dass ich hinter die Fassade und Maske der Menschen schauen muss, wenn ich sie wirklich liebe; dass ich mich von den übertünchten Gesichtern nicht beeindrucken lassen darf, dass sich eigentlich jeder unter Schutzschichten und Schutt und Geröll verbirgt und versteckt und trotzdem darauf wartet, gefunden und befreit zu werden, wie ein Kind beim Versteckspiel…

Die Bilder hingen bei uns. Das hellblaue maskenhafte Ölbild. Das Aquarell mit der Tintenwolke, die sich vor die Sonne schiebt.

Aber die Gewitterwolke zog nicht vorüber. Die Sonne kam nicht wieder hervor hinter der beängstigenden Bedrohung durch die Krebskrankheit. Die feurige Glut erkaltete. Das Licht erlosch.

Gisela starb.

Sie hatte das schon lange vor ihrem Abschied geahnt und gefühlt und schließlich gemalt. Das Aquarell zeigte deutlich, wie der Kampf ausgehen würde. Die Malerin hatte mit großem Gespür ihre Ängste und ihre verzweifelte Hoffnung ausgedrückt. Und sie hatte geahnt, dass sie verlieren würde und aufgeben müsste. Diese dunkelblaue Wolke war der Todesschatten auf Giselas Landschaft. Diese dunkelblaue Wolke überschattete das Leben und hüllte alles in Dunkelheit.

Mit der Todesanzeige kam das Erkennen und Erschrecken. Gisela hatte den Tod gemalt. Das Aquarell zeigte den Tod. Und ich habe es nicht wahrhaben wollen.

Auch das Bild mit den übertünchten Farben, die schließlich nur noch wie zarte, graublaue Schleier und Nebel wirkten, war der gemalte Tod.

Wie blind ich war. Habe das Leben da hineingedeutet, die leuchtende Zukunft herausgelesen ...

Töricht und ahnungslos.

Oder vielleicht doch nicht?

Ich schaue Inga-Mirjams kraftvolles Wachsmalstift-Bild an und werde von der Freude und dem Lebensfrühling der Dreijährigen erfasst. Danke für deine schöne Botschaft, du besonderes Kind.

Ich glaube ja doch, dass Gott in jedem Kind sein Ja zu den Menschen sagt. Dass jedes Kind hilft, die dunklen Gewitterwolken zu verdrängen und den Blick auf die Sonne wieder frei zu machen. So ein Kinderbild beweist es ohne große Worte.

Die Sonne ist stärker als die Dunkelheit.

Gewitterwolken werden kommen, aber sie ziehen vorüber.

Orangerot siegt über dunkelblau. Ich glaube daran.

* * *

Begegnung mit Gott

In der uralten romanischen Kapelle aus Feldsteinen oben in den Bergen Portugals hatte ich die kleine Heiligenfigur entdeckt: Ein portugiesisches Mädchen, das aussieht wie die dreizehnjährige Paula, das Töchterchen unserer Nachbarn. Schwarzes, welliges Haar mit einem Mittelscheitel umrahmt das Gesichtchen. Die Haut ist fast weiß. Ernst und traurig schaut sie drein, viel zu ernst und feierlich. Man glaubt ihr die treue Nachfolge und erahnt das schwere Martyrium, das sie erlitt, weil sie dem Herrn Jesus Christus nicht absagte. So steht sie in der Kalvarienkapelle außerhalb des Bergdorfes zu Füßen des Gekreuzigten.

Ich hatte diese Heiligenfigur schon lange und überall gesucht, hatte herumgefragt und mich erkundigt, und eigentlich glaubte ich gar nicht mehr, daß ich sie je finden würde.

Dann, wieder einmal auf der Fahrt in die Berge, machten wir Mittagsrast unter den schattigen Platanen auf dem Kirchplatz. Die Tür der Kirche, der Igreja Matriz, stand offen. Auf den Stufen des Portals saß ein Dorfbewohner in der Sonne und döste.

»Ich werde einmal fragen, wie der Patron oder die Patronin dieses Dorfes heißt, vielleicht entdecke ich hier irgendwo die Heilige Eufemia«, sagte ich. Meine Nachbarin Maria hatte mir nämlich erstaunliche Dinge von der Heiligen Eufemia berichtet, die in Portugal als tapfere Verfechterin des orthodoxen Glaubens mancherorts verehrt wird. Und wenn ich schon nicht »meine« kleine Heilige fand, dann vielleicht ein anderes weibliches Vorbild christlicher Jüngerschaft.

»Nein, diesmal frage ich«, sagte der Bauer Arcindo, der auf allen unseren Touren vorne neben dem Fahrer sitzt und immer laut und dröhnend die Namen der Ortsschilder vorliest, so dass wir denken, wir fahren in der Straßenbahn, wo die Haltestellen ausgerufen werden, und er ging mannhaft entschlossen auf den Alten zu.

»Ola, amigo«, rief er, »ist die Kirche offen?«

Also, das war mal wieder typisch ... Als ob er nicht sieht, daß die Türe offen steht!

Ich hatte schon bald herausgefunden, dass die Heilige Eufemia hier nicht verehrt wurde, und war draußen zu einer schwarzgekleideten Frau gegangen, die zwischen den Platanen Wäsche zum Trocknen aufhängte. Ein kleines Schwätzchen unter Frauen bringt manchmal mehr als die Nachfrage im Tourismus-Büro. Und während Arcindo mit seiner Frau in der Kirche andächtig von Kreuzwegstation zu Kreuzwegstation wanderte, suchte ich die Kalvarienkapelle auf, die mir die Frau beschrieben hatte. Dort sei die Heilige Eufemia bestimmt zu finden, ja, doch, sie wisse es ganz genau, obwohl es kein eigenes Kirchweihfest mehr für diese Heilige gebe, aber sie werde bei den Prozessionen immer mit herumgetragen, doch, ganz sicher, es sei die Heilige Eufemia. In der Kalvarienkapelle. Dort oben bei den Felsen.

Der Dorftrottel hatte sich auch aufgerafft und schlurfte diensteifrig neben meinem Mann her. Endlich passierte mal wieder etwas! Vielleicht konnte er etwas erleben? Vielleicht konnte er als Fremdenführer behilflich sein?

Wir fanden das Kirchlein, konnten sogar den Küster mit dem richtigen Schlüssel herbeiholen und dazu bewegen, die Kalvarienkapelle aufzuschließen, traten in den dämmerigen Raum und entdeckten die geschnitzte kleine Figur, die mehr als 700 Jahre alt sein musste.

Es war aber nicht die Eufemia, sondern die rührende

Darstellung einer Dorfheiligen. Und genau die suchte ich schon seit langem.

Ich war so glücklich und voller Freude und gleichzeitig so angerührt von dieser kleinen Märtyrerin in ihrem hellblauen Kleid, mit den Insignien ihres Leidens und mit der Siegespalme versehen, mit den großen ernsten Augen, mit dem blassen Gesicht, ganz in portugiesische Traurigkeit eingehüllt. Ich war überrascht und dankbar und den Tränen nahe: »Da bist du ja, ich habe dich schon so lange gesucht!« Und ich gab dem Alten ein viel zu großes Geldstück.

Da sprang der blinde-lahme-taube-müde Dörfler fröhlich wie ein Hirsch davon und verkündete überall, dass soeben die Heilige Eufemia ein Wunder, ein neues Wunder, an ihm getan hatte. Woraufhin viele Leute aus dem Dorf zu unserem Auto strömten, um dort auf uns zu warten und uns mit weiteren Hinweisen auf weitere Heilige Eufemien in anderen abgelegenen Dörfern zu empfangen.

Auch der Küster war sichtlich erfreut, dass er uns so etwas Schönes beschert hatte. Er rückte in der Kalvarienkapelle die Plastikblumen zurecht, zupfte ein wenig an der Altardecke, stellte die Heiligenfiguren mehr ins Licht und überließ mich ein paar Minuten meinem Glück und meiner Wiedersehensfreude. Dann aber rasselte er mit dem Schlüsselbund und fragte, ob wir in die andere Kapelle auch noch hineinsehen wollten.

»Was ist denn das für eine Kapelle?«

»Sie ist dem Heiligen Antonius geweiht«, sagte er und ging davon.

Auch dieses schlichte Kirchlein aus Feldsteinen ist auf riesengroßen Felsbrocken errichtet und steht da seit romanischer Zeit, grau und verwittert. Nach den Worten des Küsters hatten wir also den Dorfheiligen Antonius drinnen vermutet. Deshalb erschrak ich richtig, als ich die metergroße Statue entdeckte. Sie erschien mir äußerst ungewöhnlich in ihrer sehr schönen, frischen Bemalung und mit der reichen Vergoldung.

»Wer ist das denn? Wie kommt den die Figur eines Königs in diese schlichte Kapelle?«

Da saß ein portugiesischer König vor mir. Ein schöner junger König.

Er sitzt auf einem vergoldeten Thronsessel und schaut streng und doch so freundlich in die Ferne. Seine Königskrone ist ein goldener Helm, wie ihn früher die Könige in diesem Land trugen. Sein Mantel ist aus rotem Samt und mit schwerem Goldband umsäumt. Das weiße Gewand darunter fließt in Falten und wird mit einem goldenen Gürtel gebunden. Schwarze, weiße und rote Troddeln sind am Saum des Gewandes angebracht. Als Zeichen der Würde gehört der kostbare Schal dazu, die rote, golden gesäumte Stola.

Aber am erstaunlichsten sind das Antlitz und die stolze Haltung des gekrönten Hauptes. Wie jung und schön ist das Gesicht, wie zart und fein die Haut und wie vornehm der schwarze Bart!

Ich wagte gar nicht, neugierig hinzuschauen und den Blick der braunen Augen zu suchen, sondern stand ganz ehrfürchtig und still da und staunte.

Dann fiel der Blick auf das Kruzifix, das der gekrönte König in seinen überaus großen Händen hält. »Das muss ein frommer König gewesen sein«, dachte ich. »Das war sicher einer der ganz berühmten Könige Portugals, unter dessen Regierung die portugiesischen Seefahrer die Weltmeere befuhren und Indien, Afrika, Südamerika und Neu-Guinea christianisierten.«

Aber dann sah ich die weiße Taube an der Brust des Königs.

Und da fiel mir ein, dass in unserer Kirche in Wiesbaden

ein altes Gemälde aus gotischer Zeit etwas Ähnliches darstellt: Da sieht man Gott als königlichen Hohenpriester mit wallendem weißen Bart, wie er liebevoll seinen Sohn Jesus Christus, den Schmerzensmann, umfängt und zu sich hochhebt. Über ihnen schwebt der Heilige Geist als Taube. Dieses alte Bild heißt »Der Gnadenstuhl« und zeigt die göttliche Dreieinigkeit Gottvater-Gottsohn-Gott Heiliger Geist.

Wie oft habe ich das Bild während der Gottesdienste betrachtet und mich gewundert, dass früher die Menschen so unbefangen Gott dargestellt haben. Galt für sie denn nicht das göttliche Gebot: Du sollst dir kein Bildnis von Gott machen? Und warum erscheint Gottvater immer als alter weißhaariger Mann und als Hoherpriester?

Eine plastische Darstellung der Trinität wie diese hier hatte ich allerdings noch nie gesehen. Noch niemals fühlte ich so ergriffen und persönlich betroffen die Gegenwart Gottes. Waren das die lebendigen dunklen Augen? Traf und betraf mich dieser Blick, der in die Ferne gerichtet war und dem ich dennoch nicht standhalten konnte? Machte mich betroffen, dass Gott so ein schöner junger König war, so zeitlos und lebendig?

War es dieses ganz Andere?

War es dieses ganz Unerwartete?

Eine Begegnung mit Gott. Gott ist ein schöner junger König.

Das hatte ich nicht gewusst. Das hatte ich nicht geahnt. Das hatte ich nie gesehen und nie gehört.

Ich war einfach betroffen. Ich war sprachlos und glücklich und ergriffen und betroffen.

Rilkes Worte beim Betrachten des Torsos des Archaischen Apoll fielen mir ein:

»…denn da ist keine Stelle,
die dich nicht sieht:
Du musst dein Leben ändern.«

Ich weiß noch, dass ich da stand und langsam erkannte und nur noch schaute und kaum noch atmete.

Gott ist ein schöner junger König.

»Und es ist keine Stelle, die dich nicht sieht:
Du musst dein Leben ändern.«

Da hatte ein portugiesischer Bildhauer vor vielen hundert Jahren mit großer Liebe und Hingabe in aller Unschuld eine Figur geschaffen, die das zeigt, woran er glaubte: nämlich an die Heilige Dreifaltigkeit, an Gott, den Vater und den Sohn und den Heiligen Geist.

Und er hat zum Ausdruck gebracht, dass die drei zusammengehören. Vor allem hat er in seinem kindlichen Glauben den Mut gehabt, Gott so zu zeigen, wie sich ein Portugiese Gott vorstellt: eben als Portugiesen, als portugiesischen König über Länder und Meere – jung, schön, edel, streng und gerecht, väterlich und königlich. Und ich – 700 Jahre später – wurde ganz erfasst von diesem lebendigen Glauben und dachte:

»So einen wunderbaren Gott haben wir!

So einen schönen, starken, ewigen König und Herrscher haben wir!

So jung, so schön ist Gott.

Und vor tausend Jahren, vor Tausenden von Jahren war er schon da.«

* * *